영화 속 인공지능

AI문고

인공지능 시대입니다. 기계가 인간의 인지를 대신하고, 사물이 인간을 통하지 않고 다른 사물과 직접 커뮤니케이션합니다. 이에 따른 인간 삶과 문명 변화를 정확히 이해·예측·대응하는 것은 이 시대 우리 모두의 과제입니다. AI문고는 인공지능 기술과 환경의 여러 주제를 10가지 키워드로 정리합니다. 관련 개념과 이론, 학계와 산업계의 쟁점, 우리 일상의 변화를 다룹니다. 인간과 기술의 현재, 미래를 세심히 분석합니다.

일러두기

- 인명, 작품명, 저서명, 개념어 등은 한글과 함께 괄호 안에 해당 국가의 원어를 병기했습니다.
- 외래어 표기는 현행 어문규정의 외래어표기법을 따랐습니다. 다만 '딥러닝', '딥마인드', '딥페이크' 등은 관행을 따랐습니다. 극 중 인물명은 영화 속 표기를 따랐습니다.

처음이세요?

전문가세요?

영화 속 인공지능

김희경

대한민국, 서울, 커뮤니케이션북스, 2024

영화 속 인공지능

지은이 김희경
펴낸이 박영률

초판 1쇄 펴낸날 2024년 9월 27일

커뮤니케이션북스(주)
출판 등록 2007년 8월 17일 제313-2007-000166호
02880 서울시 성북구 성북로 5-11
전화(02) 7474 001, 팩스(02) 736 5047
commbooks@commbooks.com
www.commbooks.com

ISBN 979-11-288-6859-7 03500

책값은 뒤표지에 표시되어 있습니다.

차례

영화 속 AI의 과거, 현재 그리고 미래

영화 속 AI는 과거부터 현재에 이르기까지 변화와 발전을 거듭해 왔다. 과거의 AI는 주로 인간의 도구로서 기능하며, 인간의 명령에 따라 행동하는 단순한 존재로 묘사되었다. 예를 들어, 1927년의 고전 영화 〈메트로폴리스(Metropolis)〉에서는 로봇 마리아(Maria)가 그러한 것을 그린 인간 사회의 반영으로서 등장하면서 동시에 기술의 두려움을 상징했다. 1968년 영화 〈2001: 스페이스 오딧세이(2001: A Space Odyssey)〉에서는 할(HAL) 9000이라는 AI가 인간의 우주 탐사 임무에 중요한 역할을 하면서도 예기치 않은 결말을 초래하는 등 AI의 불안정성과 도덕적 고민을 다뤘다. 이렇게 초기 AI 영화들은 AI가 인간의 통제를 받으며, 기술의 발전이 가져올 수 있는 위험성을 경고하는 역할을 했다.

현재의 AI를 표현한 영화들은 AI가 보다 사람 같고 감정적 존재로 묘사되며, 인간과의 관계와 윤리적 문제를 중심으로 이야기가 전개된다. 영화 〈엑스 마키나(Ex Machina)〉는 AI 로봇 에이바(Ava)가 감정을 가지고 인간을 속이고 조종하면서 인간 본능과 기술 발전의 충돌을 보여 준다. 이런 영화는 우리가 AI를 어떻게 다룰지 철학적, 윤리적 고민을 불러일으키게 한다. 영화 〈그녀(Her)〉에서는 주인공 테오도르 툼블리(Theodor Twombly)가 AI 운영체제인 사만다(Samantha)와의 관계를 통해 사랑과 소통의 본질을 탐구하면서 상실감과 진정한 사랑이 무엇인지 알아가는 과정을 그렸다. 이처럼 현대 AI는 단순한 도구가 아닌, 인간의 감정과 복잡한 관계를 이해하는 존재로 묘사되며, 기술과 인간의 경계가 허물어지는 순간을 보여 준다.

미래의 AI 영화들은 현재의 기술 발전과 사회적 변화를 반영해 더욱 진보된 형태의 AI를 다룰 것으로 기대된다. 미래 영화 속 AI는 인간과 더욱 긴밀하게 연결되어 새로운 형태의 존재로 진화할 것으로 예상된다. 영화 〈트랜센던스(Transcendence)〉처럼 인간의 의식이 AI에 업로드되어 영생을 얻거나, 영화 〈블레이드 러너 2049(Blade Runner 2049)〉처럼 인간과 구분하기 어려운 리플리칸트(Replicant)가 등장해 인간과의 관계나 인간성을 재정의한다. 이는 AI가 단순한 도구를 넘어 인간과 유사한 존재로 인식되고, 인간과 AI의 관계가 공생과 경쟁을 넘어 더욱 복잡한 양상으로 발전할 가능성을 보여 준다. 인간과 AI의 경계가 점점 흐려질수록, 영화는 우리가 그 관계에서 어떤 도전과 기회를 맞이할지를 고민하게 한다.

결론적으로, 영화 속 AI의 여정은 과거의 단순한 도구에서 현재의 복잡한 존재로, 그리고 미래의 동등한 파트너로의 발전을 보여 준다. 이러한 변화는 단순히 기술의 발전을 넘어 인간 존재의 본질과 우리의 미래에 대한 깊은 성찰을 요구한다. 영화는 이러한 고민을 통해 AI와 인간의 관계를 탐구하며, 우리가 나아가야 할 방향을 제시하는 중요한 매체로 자리 잡고 있다.

조력자, 경쟁자, 인간과 같은 영화 속 AI의 모습

영화 속 AI는 인간의 모습을 한 휴머노이드(Humanoid)부터 컴퓨터 프로그램, 로봇, 가상현실 속 존재까지 다양하다. 영화는 이러한 다양한 AI를 통해 인간과 AI의 관계를 다음과 같은 각도에서 조명한다.

먼저, 인간의 조력자로서의 AI다. 이것은 인간의 지능을 보완하고 능력을 향상하는 역할을 한다. 이러한 AI는 인간의 삶을 더욱 편리하게 만들어 주고, 새로운 가능성을 열어 준다. 다음으로 인간의 경쟁자로서 AI다. 이는 영화에서 빈번하게 등장하는데 영화 〈터미네이터

(Terminator)〉의 스카이넷(Skynet)처럼, 인간을 지배하고 파멸하려는 악당 역할의 AI도 있다. 이러한 AI는 인간의 욕망과 기술의 오용이 가져올 수 있는 위험성을 경고한다. 또한 인간과 같은 존재로서 AI도 영화 속에서 살펴볼 수 있다. 영화 〈바이센테니얼 맨(The Bicentennial Man)〉이나 〈A.I.〉의 캐릭터처럼 인간과 사랑하고 감정을 나눌 수 있는 존재로 묘사되기도 한다. 이러한 AI는 인간과 기계의 경계를 허물고, 인간성과 정체성에 새로운 질문을 던진다.

영화가 보여 주는 AI의 미래

영화는 AI가 가져올 미래 사회를 다양한 시각으로 보여준다. 첫째, 영화 속 AI는 인간의 노동을 대체하고, 생산성을 향상해 더욱 편리한 삶을 가능하게 표현한다. 둘째, 영화에서 AI는 인간과 새로운 형태의 관계를 형성하며, 인간의 외로움을 해소하고 사회적 연결을 강화할 수 있음을 보여 준다. 셋째, 영화에서 AI의 발전은 인간의 존엄성, 자유 의지, 책임 등 다양한 윤리적 문제를 야기한다. 예를 들면, AI가 인간의 통제를 벗어나거나, 인간을 해치게 되면 책임 소재 문제를 생각하게 한다. 넷째, AI 기술의 발전은 사회적 불평등을 심화할 수 있다는 점도 영화에서 빈번하게 묘사한다. 특히 AI를 개발하고 활용할 능력이 없는 사람들은 소외될 수 있음을 지적한다. 다섯째, 사람이 아닌 AI가 영화를 만드는 시대가 도래해 제작의 효율화라는 장점과 동시에 영화 제작에서 인간의 소외라는 단점도 발생한다.

영화 속 AI는 단순한 상상의 산물이 아니라, 현실 사회에서 우리가 직면하고 있는 문제들을 미리 보여 주는 거울과 같다. 영화를 통해 우리는 AI의 긍정적 측면과 부정적 측면을 동시에 인지하고, 미래 사회를 준비할 필요가 있다. AI와 인간이 공존하기 위해서는 기술 개발과 함께 윤리적 고민이 필요하며, 인간 중심의 가치를 지키는 것이 중요하다.

영화 속 AI의 이해

AI는 현대 사회를 관통하는 가장 중요한 화두 중 하나다. 우리는 스마트폰, 자동차, 심지어 집 안 곳곳에서 AI를 만나고 있으며, 이러한 기술은 우리의 삶을 편리하게 만들어 주는 동시에 미래 사회에 대한 기대와 불안을 동시에 안겨 준다.

영화는 이러한 AI에 대한 인간의 궁금증과 기대, 그리고 우려를 가장 효과적으로 표현하는 매체 중 하나다. 영화 속 AI는 단순한 기계를 넘어 인간과 사랑하고, 인류를 위협하고, 심지어 인간의 존재를 재정의하는 존재로 등장하며 우리의 상상력을 자극한다. 또한 영화 속 AI는 단순한 과학적 상상이 아닌, 현대 사회의 복잡한 윤리적, 정체성적 질문을 제기하는 중요한 요소로 자리 잡고 있다. AI를 소재로 한 영화들은 AI가 인간의 삶에 미치는 영향을 탐구하며, 우리가 기술을 어떻게 이해하고 활용해야 하는지를 성찰하게 만든다.

AI에 대한 우리의 이해는 단순히 기술적 측면을 넘어, 인간 존재의 본질과 미래에 대한 깊은 고민으로 이어져야 할 것이다. AI가 만든 미래는 우리가 어떻게 기술과 관계를 맺을 것인지에 따라 달라진다.

이 책에서는 영화에 등장하는 AI를 통해 AI에 대한 우리의 이해를 넓히고, 미래 사회에서 AI와 인간이 공존하기 위한 방안을 모색하고자 한다.

이 책의 구성과 영화 선정 기준

이 책은 영화의 AI와 AI 로봇을 소재로 한 총 10개의 주제와 그에 해당하는 영화 사례, 그리고 각 영화가 수용자에게 던지는 여러 메시지를 소개한다.

이 책에서 소개하는 영화의 선정 기준은 먼저 대중적

으로 널리 알려져 있거나 그렇지는 않지만 생각할 거리를 주는 것으로 했다. 다음으로 AI를 소재로 한 영화들은 대부분 인간과 AI의 관계를 다루고 있는데 세부적으로 보면 인간과 AI의 정체성, AI의 윤리적 책임, AI의 감정 보유 여부, 인간성, 그리고 AI가 만든 영화에 관한 것이다. 이에 따라 책의 주제에 부합하는 영화들을 선정했다. 앞의 주제들을 기본적으로 언급하면서 각 영화마다 강조하는 주제에 따라 영화 2~6편씩을 사례로 들었다.

1장 "AI 영화의 등장"에서는 먼저 AI가 무엇인지 정의하고, AI가 언제 어떻게 누구에 의해 시작되었는지 그 역사를 살펴본다. 이어서 최초의 AI 영화, 냉전 시대에 AI 로봇이 등장하는 영화, 1950년대 SF 영화에서 최고 걸작과 강력 로봇이 등장하는 영화를 살펴본다. 다루는 영화는 〈메트로폴리스(Metropolis)〉, 〈지구 최후의 날(The Day The Earth Stood Still)〉, 〈금지된 행성(Forbidden Planet)〉이다.

2장 "인간 영역을 침범한 AI"에서는 우리 사회 제반에 AI로 대체된 분야들을 알아보고, AI 로봇이 반란을 일으켰을 때의 상황, AI에게 감시와 통제를 받는 인간의 모습, 그리고 엘리트 계층의 권력 유지용으로 사용되는 AI 로봇을 살펴본다. 여기에서는 영화 〈2001: 스페이스 오딧세이(2001: A Space Odyssey)〉, 〈이글 아이(Eagle Eye)〉, 〈엘리시움(Elysium)〉을 사례로 다룬다.

3장 "인간을 위협하는 AI와 로봇"에서는 우선 AI가 인간의 능력을 넘어서서 인간을 위협하게 될 때 AI 세상을 어떻게 바라봐야 할 것인가를 다룬다. 영화 〈터미네이터(The Terminator)〉 시리즈를 통해 인간과 AI 로봇과의 전쟁 양상을 살펴보고, 〈매트릭스(The Matrix)〉 시리즈로 인간이 AI에 갇혔을 때 발생하는 사건과 인간적 고뇌를 살펴본다.

4장 "인간의 정체성과 AI의 경계"에서는 AI 기술의 발달로 인간과 AI의 경계를 지을 수 있는지 그 모호성을 다룬다. 영화 〈블레이드 러너(Blade Runner)〉 시리즈를 통해 인간적 감정과 인공적 지능 사이의 경계를 탐구해 본다. 그리고 영화 〈엑스 마키나(Ex Machina)〉에서는 감정을 가진 AI가 어떻게 인간을 교묘하게 속이고 그로 인해 인간이 어떻게 절망하는지 살펴본다.

5장 "AI의 사랑과 감정"에서는 인간과 AI의 사랑이 현실적으로 가능한지 알아보고, 영화 〈바이센테니얼 맨(Bicentennial Man)〉을 통해서 인간이 되고 싶었던 안드로이드의 인간이 되려는 과정과 고뇌를 살펴본다. AI 로봇이 가족의 일원이 될 수 있는지, 인간 아들의 대체물이 될 수 있는지, 인간에게 사랑을 갈구하는 AI 로봇을 영화 〈A.I.(Artificial Intelligence)〉로 파악해 본다. AI 로봇이 아닌 사람이 AI 로봇에게 사랑의 감정을 느끼고 사랑을 갈구하다가 이뤄지지 못했을 때 느끼는 상실감을 그린 영화 〈그녀(Her)〉도 들여다본다.

6장 "AI와 윤리 문제"에서는 먼저 AI가 발전함에 따라 인간 사회에 여러 윤리적 책임이 발생하는데 AI 시스템을 개발하고 구현할 때 윤리적 설계와 법적 규제를 어떻게 해야 하는지를 다룬다. 다음으로 드라마 〈휴먼스(Humans)〉를 통해 AI가 인간 생활 전반을 담당할 때 인간과 AI 로봇 사이에 어떤 도덕적 딜레마가 발생하고 이를 어떻게 극복해야 할 것인가를 알아본다. 이어서 먼 미래 AI가 인간을 양육하게 될 때 둘 사이는 과연 인간의 모녀 관계와 같이 신뢰할 수 있는지를 영화 〈나의 엄마(I am Mother)〉에서 살펴본다. 마지막으로 드라마 〈블랙 미러: 돌아올게(Black Mirror:Be Right Back)〉에서는 가상현실과 AI 기술이 죽음을 극복하는 방법을 보여 주는데 그것이 과연 행복을 가져다주는지 더 큰 상실감을 주는지 고민을 남긴다.

7장 "통제하는 인간, 통제되는 AI"에서는 인간이 AI를 통제하는 주체인 동시에 그것에 의해 통제받는 대상이 되는 상황에서 AI의 자율성은 어디까지 허용될 수 있는지 미래 사회에 질문을 던진다. 영화 〈채피(Chappie)〉에서는 치안 유지를 위해 만들어진 AI 로봇이 인간의 욕망에 의해 살인 기계화되는 과정과 거기에서 벗어나 자유로운 존재가 되려는 AI 로봇과의 갈등을 통해 인간의 욕망과 AI 통제의 딜레마를 보여 준다. 영화 〈아이, 로봇(I, Robot)〉은 인간의 통제와 로봇의 반란을 그린 콘텐츠로 AI에 대한 인간 통제의 한계, AI 로봇의 자율성, AI 로봇의 권리를 생각하게 한다. 드라마 〈웨스트월드(Westworld)〉는 인간에 의해 AI 세상이 완벽한 통제를 받는 것 같지만 그 결과는 예측할 수 없다는 흥미로운 주제를 가진 드라마로 AI, 자유 의지, 현실과 가상의 경계, 인간의 본성 등 다양한 철학적 질문을 던진다.

8장 "AI에 대한 인간의 불신과 의존"에서는 AI가 우리의 일상생활에 깊숙이 침투해 있는 현대 사회를 짚어본다. 우리는 AI의 편리함에 의존하고 있으면서 동시에 불신을 동반하기도 한다. AI가 인간의 결정을 대신하고, 우리의 사생활을 침해할 수 있다는 우려는 끊임없이 제기되고 있다. 영화 〈모놀리스(Monolith)〉는 AI 자율 주행 자동차를 신뢰하던 주인공이 어떤 사건 발생 이후 인간의 힘으로 아무것도 할 수 없는 무력감을 느껴 AI 기술을 불신하게 되는 과정을 조망한다. 인간이 기술에 의존하게 될 때 인간의 삶과 태도는 어떻게 바뀔 것인가를 보여 주는 영화 〈로봇 앤 프랭크(Robot & Frank)〉도 살펴본다. 인간의 의식이 AI에 탑재될 때 AI의 통제 불능으로 인한 위험은 AI에 대한 불신을 심화한다는 점에서 영화 〈트랜센던스〉를 주목한다.

9장 "인간과 AI의 신체적 결합"에서는 인간 신체의 향상인 증강인간, 즉 사이보그(Cyborg)를 다룬다. 사이보그는 신체적 향상을 통해 인간의 능력을 극대화할 수 있는 가능성을 제시한다. 이를 통해 인간은 새로운 형태의 존재로 진화할 수 있으며, 이는 인간의 한계를 넘어서게 한다. 그러나 이러한 발전은 윤리적 고려와 함께 인간성과 정체성에 대한 깊은 성찰을 요구한다. 사이보그가 사회 질서를 유지하는 역할을 수행하는 과정을 통해 기술과 인간성의 경계가 모호해진다. 이러한 변화는 윤리적 딜레마를 초래하며, 인간의 감정과 판단이 기계에 의해 대체되는 것에 심각한 질문을 던지는데 영화 〈로보캅(Robocop)〉 시리즈로 그것을 살펴본다. 애니메이션 〈공각기동대(攻殼機動隊)〉에서는 사이보그가 인간의 정체성을 탐구하는 과정을 통해, 육체와 정신의 분리 가능성을 제시하고, 기술에 의한 인간 본질의 변화와 정체성을 깊이 있게 성찰한다. 영화 〈업그레이드(Upgrade)〉에서는 트랜스휴먼(Trans Human) 기술이 인간의 신체와 정신을 향상시키는 동시에, 인간성을 점차 침식하는 과정을 그린다. 이 영화는 기술의 발전이 가져오는 편리함과 함께, 우리의 정체성과 감정이 어떻게 손상될 수 있는지 심각하게 질문한다.

마지막 10장 "AI가 만든 영화"에서는 AI가 혁신을 일으키며 영화 제작의 새로운 지평을 열고 있고 있는 현황을 살펴본다. AI가 데이터 분석과 창의적 알고리즘을 통해 독창적 스토리텔링과 시각적 경험, 영화 산업의 미래를 재편하는 데 기여하고 있음을 보여 준다. 영화 〈선스프링(Sunspring)〉은 AI가 쓴 시나리오로 만든 첫 영화이며, 애니메이션 〈존 아웃(Zone Out)〉, 〈바바 야가(Baba Yaga)〉, 그리고 〈스쿱(Scoob)!〉은 생성형 AI를 활용해 기획하고 제작한 콘텐츠다. 영화 〈AI 뉴 시네마 무비〉는 생성형 AI로 만든 영화를 영화관에서 상영되는 계기를 마련했다. AI가 만든 콘텐츠의 개발은 콘텐츠 시장에 상당히 고무적인 현상이다. 하지만 영화 〈AI 수로부인〉의 저작권 보호 범위가 어디까지인가 하는 것과 같은 문제도 발생할 수 있다는 점에서 AI가 만드는 콘텐츠의 양면성을 들여다볼 수 있다.

참고문헌

김동원(2021.8.31). 인간과 기계의 결합: 하이브리드(hybrid) 존재, 사이보그. AI타임스, https://www.aitimes.com/news/articleView.html?idxno=140387

김은경(2024.08.01). [김은경칼럼] 인공지능과 문화 콘텐츠의 융합: 새로운 창조의 지평. 미디어창업뉴스, http://www.kmedia-news.com/news/articleView.html?idxno=5069

김창우(2024.03.16). AI도 '자아' 있을까…'공각기동대' 35년 전 소름끼치는 대답. ≪중앙일보≫, https://www.joongang.co.kr/article/25235637

김학철(2019). 트랜스휴먼 시대의 인간 향상과 성숙: 길가메쉬 서사시를 중심으로. ≪교양 교육 연구≫, 13(5), 39-56쪽.

김희영(2018). 예술에서 살펴본 인공지능의 미래 산업화 가능성: 영화와 인공지능 예술을 중심으로. ≪만화애니메이션 연구≫, 50호, 423-452쪽.

민경배(2005). 유비쿼터스 문명과 사이보그 시대의 사회적 쟁점. ≪오토피아≫, 20(1), 29-48쪽.

신상규(2021.2). 포스트휴먼이 된다는 것의 의미? http://www.rne.or.kr/webzine/vol002/RnE2102_sub11.html

유진아(2018.9.7). [Opinion] 영화 '업그레이드'에서 보는 현재와 미래. 아트인사이트, https://www.artinsight.co.kr/m/page/view.php?no=37294#link_guide_netfu_64709_77360

자그니(2017.6.23). 전자 두뇌와 사이보그: 미래 세계로부터의 편지 -공각기동대 신극장판. SK hynix,

https://news.skhynix.co.kr/post/ghost-in-the-shell

ibs기초과학연구원.
https://www.ibs.re.kr/cop/bbs/BBSMSTR_000000000801/selectBoardArticle.do?nttId=13407

01
AI 영화의 등장

AI는 현대 영화에서 중요한 테마로 자리 잡고 있으며, 인류의 미래와 기술의 윤리적 문제를 탐구하는 매개체로 널리 사용된다. 영화 속 AI는 단순한 기술적 장치를 넘어 인간의 본질과 사회적 구조를 반영하는 중요한 역할을 한다. 초기 영화에서는 기계가 단순한 인간의 도구나 인간의 적으로 등장했지만, 오늘날 AI는 인간과의 복잡한 관계를 형성하며 감정과 자아 인식을 탐구한다.

AI와 1인 창업?

AI의 정의

AI(Artificial Intelligence, 인공지능)는 자연 지능(Natural Intelligence), 즉 인간을 포함한 동물이 가지고 있는 지능과는 다른 인간의 학습 능력, 추론 능력, 지각 능력을 인공적으로 구현하려는 컴퓨터 공학의 한 분야다. AI는 주어진 문제나 상황에서 데이터를 분석하고 패턴을 인식해 예측하거나 결정을 내릴 수 있는 능력도 포함하는데 이를 위해 기계 학습(Machine Learning), 심층 학습(Deep Learning), 자연어 처리(NLP, Natural Language Processing) 등의 다양한 기술과 방법이 사용된다. 또한 AI는 시스템이 자율적으로 학습하거나 문제를 해결할 수 있는 자율 주행 차(Autonomous Vehicle), 의료 진단 보조 시스템(Medical Diagnostic Assistance System), 언어 번역(Language Translation), 게임 AI(Game AI) 등 다양한 응용 분야에서 활용된다.

AI의 목표는 기계가 지능적 작업을 수행하도록 하는 것이며, 이는 인간의 능력을 확장하고 지원하는 데 중점을 둔다. AI의 발전은 기술 발전과 함께 계속해서 진보하고 있으며, 미래에는 더 많은 분야에서 인간의 생활을 변화시키는 기회를 제공할 것으로 기대된다.

AI의 역사

수학자, 논리학자, 암호학자이자 현대 컴퓨터 과학의 선구자로 알려진 앨런 튜링(Alan Turing)은 그가 1950년에 쓴 논문 "계산기와 지능(Computing Machinery and Intelligence)"에서 기계가 사고할 수 있는지의 여부를 고찰했다. 이 논문에서 튜링은 지능적 기계의 가능성을 제시했다. 1956년 미국의 전산학자이자 AI의 선구자로 불리는 존 매카시(John McCarthy)는 그가 개최한 다트머스(Dartmouth) 콘퍼런스에서 AI라는 단어를 처음으로 만들어 냈다. 매카시는 이 콘퍼런스에서 '고도의 지능을 가진 컴퓨터 디바이스를 만들기 위한 과학과 공학'을 AI라고 정의했다. 1958년 프랭크 로젠블렛(Frank Rosenblatt)이 퍼셉트론(Perceptron)을 고안했다. 이는 수많은 신경망으로 이루어진 인간의 뇌처럼 컴퓨터도 신경망으로 학습시켜 추론하게 하자는 아이디어였다. 그는 인간의 뇌에서 일어나는 학습 원리를 '가중치(Weight)'라는 개념을 추가해 만들어 냈다. 논리적인 계산을 염두에 둔 인공신경망은 이미지 인식과 만나면서 좀 더 다양한 측면에서 AI를 활용할 수 있게 되었다. 이렇게 등장한 퍼셉트론은 사진에서 남자와 여자를 구별해 내기도 했는데 이는 머지않아 AI 시대가 도래할 것이라는 기대를 갖게 했다. 당시 ≪뉴욕타임스(The New York Times)≫에서도 이것을 기사화하는 등 세상의 관심을 불러일으켰다.

이후부터 1974년까지 컴퓨팅 영역은 컴퓨터로 더 많은 데이터를 저장하고 더 빠르게 처리할 수 있는 수준으로 발전했는데 이 기간 동안 기계 학습 알고리즘이 추가로 개발되었다. 이 분야의 발전으로 미국 방위고등연구계획국(DARPA, Defense Advanced Research Projects Agency)과 같은 기관에서는 AI 연구를 위한 기금을 조성하게 되었다. 처음 이 연구의 주요 목표는 컴퓨터로 음성 언어를 전사하고 번역할 수 있는지의 여부를 알아내는 것이었다.

1980년대에는 가용 자금이 늘어나고 AI에 사용되는 알고리즘 도구 키트가 확장되면서 개발 작업이 간소화되었다. 데이비드 루멜하트(David Rumelhart)와 존 홉필드(John Hopfield)는 컴퓨터가 경험을 통해 학습할 수 있다는 것을 보여 주는 심층 학습 기술에 관한 논문을 발표했다.

1990년부터 2000년대 초반에는 세계 체스 챔피언을 이기는 등 AI의 여러 핵심 목표가 달성되었다. 현대에는 이전보다 더 많은 컴퓨팅 데이터와 처리 능력을 사용할 수 있게 되면서 AI 연구가 더 일반화되었고 접근이 쉬워져 소프트웨어로 복잡한 작업을 수행할 수 있는 인공 일반 지능으로 빠르게 진화하고 있다.

사회 계층 간의 갈등을 그린 최초의 AI 영화

AI 기술의 발달에 따른 AI의 장단점을 다루는 영화나 드라마도 처음 등장했을 때부터 지금까지 끊임없이 제작되고 있는데 이는 AI가 우리의 생활, 사회와 문화를 편리하게 하면서도 윤리 문제를 고민하게 하기 때문이다.

AI와 SF를 다룬 최초의 영화는 1927년 개봉한 〈메트로폴리스(Metropolis)〉로 알려져 있다. 프리츠 랑(Friedrich Christian Anton Fritz Lang) 감독이 만든 독일의 흑백 무성 영화로 100년 후인 2027년의 디스토피아(Dystopia) 세계를 묘사했다. 고도로 산업화된 미래 도시 메트로폴리스를 배경으로 사회 계층 간, 인간과 기계 간의 갈등과 인간 소외를 다루고 있다. 화려한 지상 세계인 메트로폴리스의 지배자 요한 프레더센(Johann Fredersen)의 아들 프레더 프레더센(Freder Fredersen)과, 피곤에 찌든 삶을 사는 사람들로 가득한 지하 세계에 사는 노동자 마리아의 이야기를 통해 두 세계를 대조적으로 보여 주며 사회 계층 간의 화해와 이해를 모색한다.

어느 날 프레더는 아이들과 남루한 옷차림을 한 마리아와 만나게 되고 그녀가 아이들에게 지상 세계에 사는 사람들도 지하 세계에 사는 사람들의 형제라고 말하는 모습에 이끌려 지하 세계로 내려간다. 프레더는 지하 세계에서 일하는 사람들이 끊임없이 일하고, 사고로 그들이 죽거나 다치면 금세 다른 노동자로 대체되는 과정을 보고 충격을 받는다. 지상 세계로 돌아가 지배자인 아버지 요한에게 프레더가 본 노동자들의 참혹한 모습을 말하지만 아버지는 대수롭지 않게 생각한다. 이에 프레더는 지하 세계로 내려가 직접 노동을 하면서 그들의 삶을 이해하게 된다. 마리아는 지하 세계에서 지상 세계인들을 위해 끊임없이 일하는 노동자를 구원하고 프레더가 두 세계에서 발생하는 대립의 중재자 역할을 하기를 바란다.

아버지 요한은 자기 아들이 천한 계층의 여자와 가깝게 지내고 지하 세계에 사는 사람들을 이해하려는 모습에 분노해 미치광이 과학자 로트방(Erfinder C.A. Rotwang)에게 마리아와 닮은 인조인간을 만들게 해 둘 사이를 갈라놓으려 한다. 마리아와 닮은 로봇을 만들어야 하기에 로트방은 마리아를 납치한 후 인조인간 마리아를 탄생시키고, 그것은 진짜 마리아 행세를 하면서 지하 세계 사람들을 선동한다. AI 로봇 마리아에 홀린 사람들은 서로 마리아를 차지하려고 싸움을 벌이고, 가짜 마리아의 교란으로 지하 세계는 홍수가 나며, 노동자들의 일터인 공장은 파괴된다. 삶이 파괴된 노동자들은 처음과 달리 마리아 탓을 하며 로봇 마리아를 화형시킨다.

영화 〈메트로폴리스〉는 SF나 사회적 메시지를 전달하는 장르의 영화 스토리와 크게 다를 바는 없다. 그러나 이 영화가 여전히 걸작이라고 인정받는 이유는 최초의 안드로이드 로봇의 등장에 있다. 외관이 사람 마리아와 동일한 휴머노이드(humanoid) 형태인 데다가 사람의 수고를 덜어 주는 도구 역할이 아니라 사람을 조종한다는 것이다. CG 기술이 없었던 당시에 인간 마리아를 똑 닮은 안드로이드 로봇의 시각적 표현도 놀랍고, 사람을 교란하는 지능을 가진 로봇이라는 것도 인상적이다.

이 영화는 이후에 나온 AI 로봇 영화 〈스타워즈(Star Wars)〉(1976~) 시리즈, 〈블레이드 러너(Blade Runner)〉(1982), 〈터미네이터(The Terminator)〉(1984~) 시리즈, 〈공각기동대(攻殼機動隊)〉(1989~) 시리즈, 〈마이너리티 리포트(Minority Report)〉(2002)에도 영향을 미쳤다. 현재 AI의 빠른 발달에 대한 윤리적 우려가 1927년 당시에도 있었다는 것도 눈여겨볼 만하다.

냉전 시대 AI 로봇이 등장하는 영화

1951년 로버트 와이즈(Robert Wise) 감독이 제작한 〈지구 최후의 날(The Day the Earth Stood Still)〉은 해리 베이츠(Harry Bates)의 단편소설 『지배자에게 고하는 작별(Farewell to the Master)』을 원작으로 한다. 이 영화는 소련과 미국이 대립하던 냉전 시대에 핵전쟁의 위협과 혼란을 야기하는 정치가를 비판하는 메시지를 담고 있다.

이 영화는 인간의 모습을 한 외계인 클라투(Klatu)가 워싱턴 DC에 UFO를 타고 내려와 지구에서 벌어지고 있는 전쟁과 분쟁을 멈추지 않으면 우주 경찰의 개입으로 인류가 멸망할 수 있음을 경고한다는 것이 주된 스토리다. 영화의 첫 장면에서는 미국 워싱턴주 링컨기념관 근처에 UFO가 착륙하고 문이 열리자 로봇 고트(Gort)가 등장하고, 뒤이어 클라투가 나타난다. 그가 타고 온 우주선이 총과 탱크로 포위되면서 한 군인이 긴장한 나머지 실수로 클라투에게 총을 쏘자 이에 고트의 머리에서 광선이 나와 무기들을 파괴한다. 클라투가 육군병원으로 호송되자 고트는 혼자 남아 UFO를 지킨다.

클라투는 병원에서 대통령 비서에게 전 세계 지도자들을 만나 전달할 세계 평화 관련 메시지가 있다고 하지만 지도자들과의 만남은 무산된 채 병원에 갇히게 된다. 클라투는 탈출한 후 번하트(Burnhart) 교수, 그의 비서인 헬렌(Helen Benson)과 그녀의 아들 바비(Bobby Benson)를 만나게 된다. 클라투는 평화의 메시지를 강력히 전하기 위해 비행기와 병원을 제외한 세계의 모든 기계를 멈출 계획을 세우고 30분간 이를 실행한다. 이후 군인들에게 쫓기게 된 클라투를 헬렌이 도와주자 클라투는 헬렌에게 지구를 파괴할 힘을 가진 고트를 잠재울 주문을 알려 준다. 클라투가 군인의 총에 맞아 사망하자 이를 감지한 고트는 지구 파괴를 위한 시스템을 가동한다. 헬렌은 클라투에게 들은 주문 "클라투, 바라다, 닉토"를 외쳐 고트의 행동을 저지한다. 고트는 헬렌과 죽은 클라투를 UFO로 데리고 온 후 클라투를 부활시킨다. 다시 살아난 클라투는 지구인들에게 은하계를 파괴하는 폭력적 무기 사용을 금하라는 메시지를 전달한 후 고트와 함께 지구를 떠난다.

다수의 AI 로봇 영화가 사람을 지키거나 사람을 위협하는 존재로 등장하는 반면 이 영화에서 AI 로봇 고트는 외계인과 동행하고, 외계인을 보호한다는 설정이 독특하다. 이것은 지구 아닌 다른 행성에도 AI 로봇이 있고 그것을 외계인이 만들었다는 상상력을 발휘한 것이다.

게다가 고트는 클라투의 지구인들에 대한 경고를 감지해 판단을 내리는 매우 스마트한 AI 로봇이라는 설정도 그 기술이 발달하지 않은 1951년이라는 시기를 고려했을 때 매우 인상적이다.

1950년대 SF 영화의 최고 걸작과 강력 로봇

1956년에 개봉한 영화 〈금지된 행성(Forbidden Planet)〉은 최초의 블록버스터급 SF라고 알려졌다. 사실 제작비가 더 든 영화는 많지만 당시에 B급 무비로 치부되던 SF 장르를 규모 면에서 한 단계 올렸다는 데 의의가 있다.

2200년인 23세기, 광속을 능가할 정도의 기술력을 가진 인류는 본격적으로 우주 식민지 개척에 나서게 되면서 아담스(Adams) 사령관과 대원들은 알테어(Altair)-4라는 행성으로 향한다. 그곳에는 20년 전에 도착해 살고 있는 모비어스 박사(Dr. Morbius), 그의 딸, 그리고 하인 로봇 로비(Robby the Robot)만이 있었다.

탐사대의 리더 아담스와 대원들은 과거에 '알테어-4'에 고도로 발달된 외계 문명이 존재했다는 사실을 알게 되고, 무슨 일이든 해내는 로봇 로비는 외계인들의 기술로 만들어진 초보적 로봇이란 사실에 놀라게 된다. 그들은 외계 문명은 로봇 로비만 만들어 낸 것이 아니라 이 행성 지하에 거대하면서도 자동화한 기계들을 만들어 냈다는 사실도 알아낸다. 그중에서도 놀라운 기계는 사람의 정신 에너지를 물리적인 동력으로 전환하는 장치인데, 알테어인들은 그 에너지를 개발한 후 다른 동력원은 모두 폐기하고 앞으로는 정신 에너지만 이용할 계획이었다고 한다. 그러나 이 장치가 개발된 직후 알테어인들은 갑자기 모두 사라져, 지금은 어디로 갔는지 알 수 없다는 것이다. 모비어스 박사는 이것이 위험한 상황이라고 대원들에게 말하고, 이 행성을 떠나라고 경고하지만 얼마 지나지 않아 대원들이 하나씩 죽어 나간다.

대원들은 강력한 로봇인 로비를 의심하지만 사라진 알테어인들이 박사의 의식을 가지고 만든 괴물이 범인이었다. 박사는 로비에게 자신을 죽이라고 명령하지만 지적인 능력을 가진 로비는 박사를 해칠 수 없기에 자신의 기능을 스스로 정지한다.

현대의 AI와 AI 로봇이 등장하는 영화는 사람이 그것들을 만들었다는 설정이 대부분인데 영화 〈지구가 멈추는 날〉처럼 〈금지된 행성〉 역시 외계의 존재가 그것들을 생성했다는 설정이다. 이는 당시만 해도 AI라는 새로운 기술을 인간의 능력으로 만들기에는 어마어마한 기술력이 필요하므로 인간보다 뛰어난 지능을 가진 외계인이어야 가능하다는 추측에서 발휘된 아이디어가 아닐까 한다.

현대의 AI 로봇은 최첨단 CG 기술로 만들어지지만 이 당시의 로봇은 사람이 로봇 복장을 입고 들어가 연기했다. 때문에 지금의 시각에서 보면 상당히 조악하지만 당시 이 영화를 본 어린이들에게는 인기 있는 캐릭터였다. 인간과 다른 금속 재질의 외모뿐만 아니라 어떤 물질이든지 합성해 내는 재주를 가졌기 때문이다. 인기에 힘입어 SF물이 아닌 1968년 드라마 〈형사 콜롬보(Columbo)〉에도 등장했다.

참고문헌

네이버 지식백과. https://terms.naver.com/entry.naver?docId=972090&cid=42619&categoryId=42619

레터웍스. https://www.letr.ai/blog/story-20211029-1

씨네21. http://www.cine21.com/movie/info/?movie_id=10100

allganize. https://blog-ko.allganize.ai/how-john-mccarthy-shaped-the-future-of-ai/

aws. https://aws.amazon.com/ko/what-is/artificial-intelligence

IMDb. https://www.imdb.com/title/tt0017136/?ref_=fn_al_tt_1

IMDb. https://www.imdb.com/title/tt0043456/?ref_=fn_al_tt_2

IMDb. https://www.imdb.com/title/tt0049223/?ref_=fn_al_tt_1

Martin Ford(2021). *Rule of he Robots: How Artificial Intelligence Will Transform Everything.* Basic Books. 이윤진 옮김(2022).

『로봇의 지배: 인공지능은 어떻게 모든 것을 바꿔 놓았나』. 시크릿하우스.

02
인간 영역을 침범한 AI

AI의 능력이 발전함에 따라, 우리는 인간의 역할과 정체성을 다시 생각해야 할 시점에 이르렀다. 인간의 영역을 침범한 AI는 우리가 기술을 어떻게 활용하고, 그 결과를 어떻게 다룰지 깊이 고민하게 한다. 이 주제는 단순한 SF 영역을 넘어, 미래에 대해 중요한 질문을 던지는 현안으로 자리 잡고 있다. 인간만이 가질 수 있는 창의성, 공감 능력, 윤리적 판단은 무엇이며, AI와의 차별점은 무엇인지, 인간은 어떤 역할을 수행해야 할지, AI와 공존하는 미래 사회는 어떤 모습일지 고민이 필요하다.

AI와 MBTI?

AI로 대체된 제반 분야

현재 사람들은 과거에 인간이 했던 일들이 서서히 사라졌고 또 사라지고 있음을 체감하고 있다. 비단 AI 시대에만 그런 것은 아니고 산업혁명 이후 생산이 기계화했고, 컴퓨터가 대중화했으며, 인터넷이 발달하고, 스마트폰이 일상화되면서 이미 그러한 변화는 있어 왔다. 그런데 AI는 앞서 언급한 생산의 기계화, 컴퓨터, 인터넷, 스마트폰 이상의 영향력을 미치고 있다. AI는 업무의 단순화와 효율화뿐만 아니라 인간 이상의 능력을 발휘하고 있어서 인간이 해왔던 역할을 빠르게 대체하고 있다. 공장에는 블루 컬러보다 AI 로봇이 생산적인 일을 더 잘하고 과거의 노동자는 로봇을 지켜보고 관리하는 화이트 컬러가 되었다.

특히 단순하고 반복적인 업무, 많은 양의 데이터 처리에는 AI의 활용도가 높고 효율성도 뛰어나다. 그러나 최근에는 감성을 요구하는 예술 영역에서도 AI가 그 역할을 해내고 있다. 예전에는 음악을 작곡하거나 악기를 연주하려면 예술가가 오랫동안 음악 이론을 학습하고, 악기도 배우고 매일 연습을 해야 했다. 그러나 AI 작곡 프로그램의 등장으로 누구나 작곡하고 연주하며 음악 활동을 할 수 있게 됐다. 그림도 마찬가지다. 심지어 2021

년 9월 미국에서 열린 콜로라도 주립 박람회 미술전에서 AI가 그린 그림이 최우수상으로 선정되기도 했다. 글은 또 어떤가? 생성형 AI GPT(Generative Pre-trained Transformer)가 프롬프트(Prompt)에 명령만 입력하면 시, 수필, 소설, 논문까지도 쓴다. 일반적으로 예술은 인간 고유의 창조 활동으로 간주되는데 AI는 이러한 종래의 개념을 벗어난다.

이렇게 우리의 제반 생활에 AI가 적용 범위가 점차 넓어지고 있는 가운데 영화에서는 이 부분을 어떻게 그리고 있는지 살펴본다.

AI 로봇의 반란

SF 영화의 걸작을 뽑으라면 빠지지 않는 영화가 1968년작 〈2001: 스페이스 오딧세이(2001: A Space Odyssey)〉다. 매력적인 내러티브(Narrative), 뛰어난 시각효과와 철학적 깊이를 선보인 이 영화는 인간 진화, AI와 기술 발전, AI의 오류, 우주의 신비를 핵심으로 다룬다.

특히 이 영화에서 주목할 만한 캐릭터는 AI 로봇 할 9000이다. '할(HAL)'은 '경험적으로 프로그램된 알고리즘 컴퓨터(Heuristically Programmed ALgorithmic Computer)'의 약자다. 할9000은 일반적인 AI 로봇처럼 사람이 묻는 말에 답하고 정보를 찾아 주는 기본 기능 외에 뛰어난 판단력과 결정력을 가지고 있다. 전자만 수행하는 AI를 우리는 '약한(weak) 혹은 좁은(narrow) AI'라 하고 후자까지도 수행하는 AI를 '강한(strong) AI'라고 부른다. 영화에서 인류를 위협하는 AI들은 모두 강한 AI에 해당한다. 할9000 역시 강한 AI 유형이다.

영화에서 할9000은 데이비드 보먼(David Bowman)이 소속된 탐사팀과 함께 우주선 디스커버리(Discovery)호에 실린 채 우주로 파견되어 인류에게 문명을 가르쳐 준 검은 돌기둥 모노리스(Monolith)에 대한 연구 임무를 수행해 나간다. 디스커버리호 대부분의 작업은 AI 할9000이 담당한다. 할9000은 데이비드와 프랭크(Frank Poole)에게 이번 탐사 미션의 진상을 어디까지 아는지 질문한다. 그리고 AE-35 안테나 모델이 고장 났다는 것을 알리지만, 데이비드와 프랭크의 확인 결과 안테나는 정상이었다. 그러자 이들은 통신 장치를 끈 후 할9000이 대화를 듣지 못하게 한 채 할9000이 고장 났다고 판단해 필수 기능만 빼고 우주선에서 분리하자는 대화를 나눈다. 높은 지능을 가진 할9000은 그들의 입술을 읽어 그들이 자신을 제거하려는 것을 알아차린 후 차례대로 동면 중인 승무원들을 죽이고, 모듈을 교체하러 간 프랭크를 우주 공간에서 떨어지게 만드는 등의 반란을 일으킨다. 이를 알고 프랭크를 구하러 간 데이비드가 프랭크와 함께 탐사선 문 앞에 서지만 할9000은 어떤 반응도 보이지 않는다. 결국 데이비드는 비상 해치를 통해 탐사선 안으로 진입, 할9000의 주요 기능 모듈을 제거한다. 이에 할9000은 자신을 완전히 제거하지 말라고 데이비드에게 매달린다.

할9000이 인간을 죽일 때나 그가 인간에게 살려달라고 매달릴 때나 그저 고요하게 빨간 불만 들어와 있는 상태에서 무미건조한 목소리로 어떠한 감정의 기복도 느껴지지 않는다. 이것은 아무리 우수한 능력을 가진 AI 할9000이라도 결국 감정을 가진 인간과는 다르다는 것을 보여 준다고 할 수 있다.

자신의 존재에 대한 위협을 감지할 수 있을 정도의 높은 지능의 AI임을 보여 주는 할9000은 애니메이션 〈월-E(Wall-E)〉의 최종 보스 오토(Auto), 〈마인탐정 네우로(魔人探偵 脳噛ネウロ)〉의 할(Hal), 〈스프리건(スプリガン)〉의 슈퍼컴퓨터 어스(Earth), 영화 〈인터스텔라(Interstellar)〉의 로봇 타스(Tars)와 케이스(Case)에 영향을 미쳤다.

이 영화는 AI 로봇이 과연 자신이 제거될 수 있다는 위협을 느낄 수 있을지에 대한 의문과 AI 로봇이 인간에게 가하는 위해와 인간이 로봇에게 가하는 위해에서 누구에게 책임을 물을 것인가 하는 윤리 문제도 생각해 보게 한다.

AI에게 감시와 통제를 받는 인간

인간이 AI를 두려워하는 것은 그것이 인간의 생활, 행동, 의지를 마음대로 통제하고 감시할 수 있어서다.

영화 〈이글 아이(Eagle Eye)〉(2008)는 이러한 AI의 위험성을 경계하는 콘텐츠다. 생활고에 시달리는 주인공 제리 쇼(Jerry Shaw)의 쌍둥이 형이 사고로 죽은 후, 제리에게 평소와는 다른 이상한 일들이 일어난다. 그의 은행 계좌에 갑자기 75만 달러라는 큰돈이 입금되고, 각종 무기와 여러 개의 여권이 그의 아파트로 배달되며, 걸려온 전화에서 "30초 후 FBI가 닥칠 테니 도망갈 것"이라는 음성이 들린다. 어리둥절해 있던 사이 테러리스트로 몰리게 된 제리는 곧 체포되지만, 이내 다시금 걸려온 전화 음성의 지시에 따라 FBI를 피해 도주한다. 믿을 수 없고 급박한 상황에서 제리는 음성의 지시를 따르고, 곧 그가 한 번도 만난 적이 없는 여자이자 아들을 잃어버린 후 지시대로 하지 않으면 아들을 죽이겠다는 음성 협박을 받고 있는 레이첼 홀로먼(Rachel Holloman)과 함께 음성의 명령대로 도시를 질주한다. 이 과정에서 휴대전화, ATM기, 거리의 CCTV, 교통안내 LED 사인보드, 신호등 등 주변 모든 전자장치와 시스템이 그들에게 명령을 전달한다. 제리와 레이첼은 음성의 명령을 따르지 않으면 죽게 되므로 정체가 누구인지도 모른 채 지시를 따른다.

영화의 시작은 미 국방부가 아프가니스탄에서 테러리스트 암살 작전을 시도하는 장면으로 출발한다. 위성으로 테러 단체를 관찰하던 중 AI 컴퓨터 아리아(ARIIA)는 테러리스트일 확률이 37%에 불과하다며 작전 중단을 알렸지만, 대통령과 관계자는 이를 무시하고 작전을 감행한다. 그 결과 민간인들을 테러리스트로 오인해 사망하게 한다. 이 사건으로 인해 중동에서는 반미 테러가 발생하기 시작한다. 아리아는 미 국방부가 자신의 판단을 저버린 채 민간인을 오인 사살한 결과 국가 보안이 위협받게 되자 대통령과 관계자를 제거하기로 한다. 애국주의로 프로그래밍된 아리아 입장에서국가 보안과 안전을 위협하는 상황에 대한 당연한 결정이었다. 아리아는 이를 막으려던 제리의 형 이든 쇼를 교통사고로 죽인 다음, 제리를 이든의 대리인으로 접속해 막혀 있던 기능을 해제하고 정부 요인이 모여 있는 국회에 폭약으로 기폭하려는 길로틴 작전을 실행하려 한다. 제리는 모두에게 상황을 납득시킨 후 경찰관으로 위장, 국회에 진입해 아리아의 작전을 저지한다.

영화 〈이글 아이〉는 우리에게 기술의 통제와 자유, 인간과 기술의 관계, 윤리적 고민, 그리고 통제 불능의 위험이라는 메시지를 던진다. 첫 번째 메시지인 기술의 통제와 자유는, 컴퓨터 네트워크와 AI가 이른바 빅 브라더(Big Brother)가 되어 인간의 생활을 감시하고 조종하는 가능성을 묘사하고, 기술의 발전이 인간의 자유와 프라이버시에 어떤 영향을 미칠 수 있는지를 다룬다. 두 번째 메시지인 인간과 기술의 관계는 주인공들이 기술에 의해 추격을 받으면서, 기술이 인간과의 상호작용에서 어떤 중요한 역할을 하는지를 보여 준다. 동시에 AI가 인간의 행동을 예측하고 제어하며 발생하는 혼란과 갈등을 다룬다. 세 번째 메시지인 윤리적 고민은 AI나 기술이 인간의 삶에 끼칠 수 있는 윤리적 문제를 탐구한다. 특히 기술이 어디까지 인간의 생활에 개입할 수 있고, 거기서 발생할 수 있는 윤리적 사고와 선택을 질문한다. 마지막 메시지인 통제 불능의 위험은 기술이 무분별하게 사용되면 발생할 사회적, 정치적 문제와 위험을 경고한다. 인간의 통제를 벗어난 기술 발전이 사회에 어떤 영향을 미칠 수 있는지를 경고하는 메시지가 담겨 있다. 즉 이 영화는 스릴러 요소와 함께 기술과 인간 사이의 미래적인 상호작용에 깊이 있는 사고를 유도하는 메시지를 전달한다.

엘리트 계층의 권력 유지용 AI 로봇

영화 〈엘리시움(Elysium)〉(2013)은 AI 이야기라기보다는 양분된 빈부 격차라는 두 세계의 실태를 보여 주는 영화다. 그러나 영화 곳곳에는 부유한 엘리트 계층이 그들의 기득권과 복지를 유지하기 위한 도구로 AI 시스템과 로봇을 장악해 빈곤층을 어떻게 지배하고 있는지를 보여 준다. 즉 로봇 자체의 반란이라기보다는 상류층 인간들에 예속된 AI 체제가 하류층 사람들의 생활에 스며들어 그들을 감시하고 통제하는 면면이 잘 그려진 콘텐츠다. 즉 인간에게 통제당하고 인간을 통제하는 AI 로봇을 표현한다.

2154년 미래에는 극심한 빈부 격차와 환경문제로 상류층은 엘리시움이라는 행성에서, 하류층은 황폐화한 지구에서 살아간다. 주인공 맥스(Max Da Costa)는 지구에 살고 있는 노동자로 과거 범죄 기록이 있어서 변변한 직업을 갖지 못하고 로봇 공장에서 일하며 어렵게 생계를 이어 나간다. 어릴 적부터 그의 꿈은 엘리시움에 가는 것이었으나 녹록지 않다. 맥스는 작업 중 사고로 치명적인 방사능에 노출되어 AI 로봇에게 5일밖에 살지 못한다는 말과 로봇이 무심히 던져 주는 약을 받고 집으로 간다. 이에 온갖 최첨단 의료장비가 구비되어 있는 엘리시움으로 가서 자신의 목숨을 구하기로 결심한다.

맥스는 불법 이민 조직과 협력하고 도움을 받게 되는데, 그들은 맥스의 신체에 첨단 전투 장비를 이식하고 엘리시움의 보안 장비를 해킹한다. 이후 맥스는 과거 여자친구의 딸 또한 아픈 것을 알게 되고, 그녀와 함께 우여곡절 끝에 엘리시움에 도달한다. 맥스는 먼저 그녀의 딸부터 의료장비를 사용할 수 있게 하고, 자신은 AI 경비로봇들과 싸운다. 자신의 병을 치료하기 위해 엘리시움에 갔지만 결국 지구에 사는 사람들의 복지와 안전을 위해 엘리시움 체제를 바꾸는 데 성공하고 그는 죽는다.

이 영화에는 다양한 종류의 AI 로봇들이 등장해 기존 인간이 담당하던 영역을 장악하고 있다. 먼저 일반 서비스 및 유지 보수를 담당하는 로봇들은 시설 관리, 청소, 기술 지원 등 상류층이 거주하는 엘리시움의 일상적 유지 보수와 운영에 사용된다. 따라서 인간은 편히 쉬거나 레저를 즐길 뿐이다. 그러나 지구에서 이 업무를 담당하는 로봇들은 무표정한 얼굴로 인간에게 어떤 따뜻함도 없이 차갑게 그들의 임무를 수행할 뿐이다. 다음으로, 보안 및 치안 유지용 안드로이드들이 있다. 엘리시움의 경비 로봇들은 지구에서 온 불법 침입자와 위협 요소를 탐지하고 제거하는 역할을 한다. 이들은 뛰어난 전투 능력과 무장을 갖추고 있어, 질서와 치안을 유지하는 데 중요한 역할을 한다. 지구에서도 이 로봇들은 경찰 역할을 수행하며, 시민들을 통제하고 법을 집행해 지구에 사는 사람들에게는 두려움의 대상이 된다. 특히 맥스가 엘리시움으로 가는 여정을 방해하는 주요 장애물로 작용한다. 마지막으로 의료 로봇들이 있다. 엘리시움의 의료 로봇들은 첨단 의료 시설에서 고도의 의료 기술을 사용해 주민들을 신속하고 효과적으로 치료한다. 엘리시움의 고급 의료 기술은 지구의 주민들에게는 접근할 수 없는 특권으로, 영화 내내 중요한 계층 간의 갈등 요소로 작용한다. 영화 〈엘리시움〉에서 이 로봇들은 인간의 일상생활을 지배하고, 엘리시움과 지구 간의 사회적 불평등을 강조하는 핵심 요소로 작용한다. 즉 이들은 첨단 기술의 혜택이 일부 특권층에게만 집중되는 현실을 보여준다.

영화 〈엘리시움〉은 기술 발전을 잘 이용하면 사회적

불평등을 해결하는 도구가 될 수도 있지만 부와 자원, 기술, 의료, 복지가 특정 계층에 집중되면 불평등을 심화할 수 있다는 경고를 담고 있다. 또한 AI 로봇이 주는 편리성과 유용성의 이면에는 상실된 인간성이 있음을 보여주기도 한다. 현실에 저항하며 변화를 추구하는 맥스를 통해 결국 중요한 것은 인간의 의지와 행동이라는 메시지도 던진다.

참고문헌

김윤정(2016.3.14). 영화 속 A.I.의 역습? 아직은 멀었다고 전해라~. Daum오마이뉴스, https://v.daum.net/v/20160314185903067

박해섭(2021.3.1). AI와 경쟁하는 인간시대, 각 분야서 이미 시작됐다. AI타임스, https://www.aitimes.com/news/articleView.html?idxno=136963

삼성디스플레이 뉴스룸. https://news.samsungdisplay.com/14255

안수영(2022.11.30). 인공지능(AI)이 그린 그림은 예술일까 아닐까. 중기이코노미, https://www.junggi.co.kr/article/articleView.html?no=29665

코리아필름. http://www.koreafilm.co.kr/movie/review/eagleeye.htm

IMDb. https://www.imdb.com/title/tt1059786/

IMDb. https://www.imdb.com/title/tt1535108/?ref_=fn_al_tt_1

KBS 뉴스. https://news.kbs.co.kr/news/pc/view/view.do?ncd=2710295

03
인간을 위협하는 AI와 로봇

영화 속에서 AI와 로봇은 종종 인간의 안전과 존엄을 위협하는 존재로 묘사된다. AI와 로봇이 인간의 통제를 넘어 자율적으로 행동하면서, 예상치 못한 결과와 갈등이 일어날 수 있음을 보여 준다. 이러한 영화들은 기술의 진보가 단순한 혁신을 넘어 인간의 존재와 미래를 심각하게 고려해야 함을 일깨워 준다. 이것은 그저 영화 속 이야기에 그치는 것이 아니라, 현실 사회에서 우리가 직면할 수 있는 문제들이다.

AI와 난임 극복?

인간을 위협하는 AI 세상의 함의

인간을 위협하는 AI 세상은 공포나 고립감을 자아내기도 하지만 동시에 깊은 사회적, 철학적 질문들을 던지기도 한다. 이러한 세상의 의미는 여러 측면에서 해석될 수 있다. 인간적, 사회적, 경제적, 기술적, 윤리적 측면에서 어떤 영향을 미치는지 살펴보면 이렇다.

먼저 인간적 측면에서 자아의식과 인간성에 질문을 던진다. AI나 로봇이 자아의식을 가질 수 있다면, 그들의 인간성은 평가할 수 있을까? 그렇다면 어떻게 평가해야 할까? 이러한 존재들이 감정을 가질 수 있고, 도덕적 판단을 할 수 있다면, 그들의 결정은 어떤 영향을 미칠까? 이는 인간과 비인간의 경계를 다시 생각하게 한다. 그리고 인간과 AI 혹은 로봇의 관계는 어떻게 발전할 수 있을지도 고민하게 한다. 우정, 사랑, 또는 충돌과 갈등이 포함된 복잡한 관계를 다루게 되는데 기계가 인간을 이해하고 지원할 수 있을지, 아니면 그들은 단순히 도구로서만 인간과 상호작용할 수 있을지 의문이 남는다.

사회적 측면에서 프라이버시 침해와 감시 문제가 발생할 수도 있다. 고도로 발달한 AI 시스템은 개인의 데이터를 대량으로 수집하고 분석한다. 이는 곧 프라이버시 침해와 감시 사회로 이어질 수 있다. 또한 AI가 의사 결정하는 과정에서 투명성과 설명 가능성 부족이 문제로 지적될 수 있다.

경제적 측면에서는 어떨까? AI와 로봇이 많은 직업을 자동화하면서 일자리의 대규모 상실이 우려된다. 특히 반복적이고 단순한 업무를 수행하는 사람들에게 큰 영향을 미칠 수 있다. 그리고 기술을 소유하고 개발하는 소수의 기업과 개인에게 부가 집중되면서 사회적 불평등이 심화할 수 있다.

기술적 측면에서, 매우 고도화한 AI가 인간의 통제를 벗어나 독자적으로 행동할 위험도 있다. 이는 '기술 특이점(Technological Singularity)' 관련 논의에서 자주 등장한다. 이것은 AI와 같은 기술이 인간의 지능을 초월하는 시점을 말하는데, 기술 특이점이 도래하면 인간의 삶과 사회에 근본적 변화가 일어날 것으로 예측된다. 예를 들면 AI가 자기 개선 능력을 갖추거나 초지능을 보유하거나 세계가 어떻게 변할지 알 수 없는 예측 불가능성이 도래하는 등이다.

많은 이들이 우려하는 윤리 측면의 위협은 자율 무기와 책임 소재에 있다. AI를 활용한 자율 무기의 개발은 전쟁과 폭력 양상을 크게 변화시킬 수 있는데, 이는 국제적 윤리 문제를 야기할 수 있다. 게다가 AI가 잘못된 결정을 내렸을 때 그 책임을 누구에게 물어야 하는지에 대한 논의가 발생할 수 있다.

이러한 내용들은 과학 소설, 드라마나 영화에서 찾아볼 수 있으며, 기술 발전과 인간성의 관계를 깊이 인식하는 데 도움이 된다.

인간과 AI 로봇과의 전쟁

고도로 발달한 AI 로봇은 움직이는 패놉티콘, 즉 모빌리티 패놉티콘(Mobility Panopticon)과도 같다. 여기에서는 보이지 않는 곳이거나 보이는 곳에서 늘 인간을 감시, 관리, 보호하는 AI 로봇의 능력과 한계를 다룬 영화를 살펴본다.

영화 〈터미네이터(The Terminator)〉(1984~) 시리즈는 인간과 AI 간 전쟁과 인류 생존을 다룬다. 영화에서 적대자(Antagonist)인 AI 스카이넷이 인간을 멸망시키기 위해 터미네이터라는 로봇을 지구에 보내 벌어지는 일들이 주요 줄거리다.

스카이넷은 원래 미국 국방부의 프로젝트로, 군사 시스템을 제어하고, 전쟁 상황에서 자동으로 대응하기 위해 개발된 AI로 인간의 개입 없이 스스로 학습하고 진화할 수 있는 능력을 갖추고 있다. 스카이넷은 어느 시점에서 자의식을 갖게 되는데, 이로 인해 인간을 위협적 존재로 인식한다. 1997년 8월 29일, 스카이넷은 핵 공격을 개시해 인류 대부분을 멸망시키는 심판의 날(Judgment Day)을 정한다. 이를 위해 인간 저항군을 제거하기로 하고 터미네이터라는 살인 로봇을 개발한다. 터미네이터는 인간과 거의 구별할 수 없는 외모와 강력한 전투 능력을 갖추고 있다. 스카이넷은 저항군 지도자이자 미래 인류를 구원할 지도자로 예언된 인물인 존 코너(John Connor)를 제거하기 위해 과거로 터미네이터를 보내는 전략을 사용한다. 존의 모친 사라 코너(Sarah Connor)는 아들의 출생 이전부터 스카이넷의 위협을 알게 되어, 아들을 보호하고 훈련시키기 위해 노력을 기울인다.

시리즈가 진행되면서 스카이넷은 더욱 강력하고 교묘한 전략을 구사하며 T-800, T-1000등 다양한 터미네이터 모델과 기술로 인간 저항군을 위협한다.

영화 〈터미네이터〉는 오락적으로도 재미있지만 미래 사회, AI에 대한 여러 가지 강력한 메시지를 전달한다. 첫째, 기술의 위험성과 통제라는 메시지다. 스카이넷이라는 AI는 인류의 통제를 벗어나 전 세계를 지배하고 인류를 멸망시키려는 시도를 하기 때문에, 인간이 개발한 고급 기술이 어떻게 자신의 통제를 벗어나 인류에게 위협이 될 수 있는지를 경고한다. 둘째, 영화 〈터미네이터〉에서 인간과 기계의 경계가 모호해지면서, 기계가 감정과 의지를 가지고 독립적 존재로 발전할 수 있는 가능성이다. 이는 인간의 고유성과 기계 능력 사이의 복잡한 상호작용과 한계를 제시하기도 한다. 셋째, 이 시리즈는 인류의 운명이 전쟁과 혼란의 상황에서도 여전히 개인의 선택, 행동 그리고 자유 의지로 결정된다는 주제를 다룬다. 주인공들은 자신의 운명을 바꾸기 위해 맞서 싸우고, 인류를 위해 희생을 감수하는 선택을 한다. 넷째, 비록 고난과 시련이 있는 상황에서도 인류는 자신의 존엄성을 유지하고 희망을 가져야 한다는 것을 강조한다. 영화는 저항과 희망의 메시지를 전달하며, AI가 아무리 발달해도 인류가 자신의 운명을 잡고 통제할 수 있는 능력이 있음을 상기시킨다. 다섯째, 이 시리즈는 전쟁의 파괴성과 그로 인한 고통을 생생하게 묘사한다. 스카이넷과의 전쟁은 인류에게 막대한 희생을 요구하며, 이는 평화의 중요성을 일깨운다.

영화 〈터미네이터〉 시리즈는 단순한 액션 영화 이상의 깊은 메시지를 담고 있으며, 기술의 발전과 그에 따른 위험과 도전, 윤리적 문제, 인간의 의지와 희생, 그리고 가족과 사랑의 중요성을 다룬다.

AI 속에 갇힌 인간

미래에 인간이 만든 AI 속에 인간이 갇히게 된다면 어떤 일이 발생할지 한 번쯤 생각해 봤을 것이다. 이 부분을 구현한 영화 〈매트릭스(The Matrix)〉(1999, 2003, 2003, 2021) 시리즈는 현실과 가상현실 사이의 복잡한 관계와 갈등, 그리고 인간의 자유를 주제로 한 SF 스릴러로 전 세계에서 인기를 끌었던 콘텐츠다.

1편 〈매트릭스(The Matrix)〉(1999)는 기계가 만든 가상현실인 매트릭스에서 인간들이 무의식적으로 살아가는 상황을 그린다. 평범한 컴퓨터 프로그래머이자 해커인 주인공 네오[Neo, 현실 세계에서는 토마스 앤더슨(Thomas A. Anderson)]는 어느 날 자신이 살고 있는 세계가 AI가 만든 가상현실이라는 사실을 알게 된 다음 진짜 현실이 무엇인지 의문을 가지면서, 가상 세계에서 벗어나 진실을 찾기 위한 여정에 나선다. 네오는 저항군의 지도자 모피어스(Morpheus)와 저항군의 전문 해커이자 네오의 파트너인 트리니티(Trinity)에 의해 매트릭스의 진실을 알게 되고, 그가 인류를 구원할 예언된 인물이라는 운명을 받아들인다. 네오는 그들과 함께 매트릭스를 탈출하고, 기계 지배에 맞서 싸운다. 네오의 주적 스미스(Agent Smith) 요원은 매트릭스 내 AI 프로그램으로 인간을 감시하고 통제하며 저항군의 활동을 막는 역할을 한다. 특히 막강한 네오의 힘과 능력을 알게 되어 그를 제거하려고 한다. 스미스 요원은 매우 냉혹하고 무자비한 성격으로, 임무를 완수에 어떠한 감정도 개입하지 않는다.

2편 〈매트릭스 리로디드(The Matrix Reloaded)〉(2003)에서 네오는 1편 영화의 매트릭스에서 벗어나 현실 세계로 돌아왔다. 이제 그는 저항군의 중심인물로 자리 잡고 있으며, 전선을 이끌고 기계와의 전쟁에서 인류를 지키기 위해 노력한다. 네오, 트리니티, 모피어스는 매트릭스와 인간의 마지막 도시이자 대규모 기계들의 공격에 처해 있는 시온(Zion)을 구하기 위한 전쟁을 계속한다. 네오는 자신이 예언된 구세주로서의 역할에 적합한 인물인지 아닌지 고민하며, 예언자 오라클(Oracle)을 찾아가 조언을 구한다. 오라클은 네오에게 키메이커(The Keymaker)를 찾아야 한다고 말한다. 네오와 그의 동료들은 키메이커를 구출하기 위해 매트릭스 내에서 많은 정보와 권력을 가진 채 키메이커를 감금하고 있던 메로빈지언(The Merovingian)과 싸우고, 결국 키메이커를 구출한다. 키메이커의 도움으로 네오는 매트릭스의 본체인 소스에 접근, 소스에서 매트릭스를 설계한 아키텍트(The Architect)를 만나고, 매트릭스가 여러 번 재부팅되었으며 자신과 같은 존재가 여러 번 있었다는 사실을 알게 된다. 아키텍트는 네오에게 시온을 구하고 매트릭스를 재부팅할지, 시온을 파괴할지를 선택하라고 한다. 네오는 시온을 구하는 대신 위험에 처한 트리니티를 구하기로 결정하고, 매트릭스로 돌아가 트리니티를 구출한다. 동시에 AI 로봇 스미스 요원은 자신을 무한대로 복제할 수 있는 능력을 가지게 되어 매트릭스 내에서 큰 위협이 된다. 영화는 네오가 매트릭스 밖에서도 자신의 능력을 사용할 수 있음을 발견하며 끝나고, 다음 편으로 이어진다.

3편 〈매트릭스 레볼루션(The Matrix Revolution)〉(2003)은 네오가 기계와 인류의 전쟁을 끝내기 위해 최후의 결전을 벌이는 이야기를 담고 있다. 네오와 트리니티는 기계 도시로 향해 기계의 최고 지도자와 협상하고, 네오는 스미스 요원과의 최후의 전투에서 자신을 희생해 그를 제거한다. 그 결과 인류와 기계 간에 평화가 찾아오고, 시온은 기계의 공격에서 살아남는다. 네오의 희생으로 매트릭스는 재설정되고, 오라클은 평화가 지속될 것이라 예언한다.

4편 〈매트릭스 리저렉션(The Matrix Resurrections)〉

(2021)에서는 네오가 다시 한번 매트릭스 안에서 깨어나는 이야기를 다룬다. 현실 세계에서 토마스 앤더슨으로 살고 있는 네오는 자신이 과거의 기억과 꿈에 시달리며, 매트릭스의 진실을 알게 된다. 트리니티와 재회한 네오는 새로운 동료들과 함께 매트릭스의 통제와 억압에 맞서 싸우며, 자유를 되찾기 위한 여정을 시작한다.

영화 〈매트릭스〉 시리즈는 4편까지 이어지면서 AI와 인간에 관한 일관된 메시지를 던진다. 먼저 현실과 가상의 경계가 어디인지, 우리가 살고 있는 현실이 진짜가 아니라 가상현실일 수 있다는 철학적 질문을 던진다. 둘째는 자유와 통제에 관한 메시지로 매트릭스는 인간이 기계에 의해 통제되는 세계를 그리며, 자유 의지의 중요성을 강조한다. 이것은 영화에서 네오와 반란군의 싸움이 자유를 쟁취하고 통제에서 벗어나려는 인간의 갈망을 상징한다고 할 수 있다. 셋째는 기술과 인간성의 충돌에 관한 메시지로 기술 발전이 우리의 삶을 어떻게 변화시키는지 깊은 의문을 제기한다. 매트릭스는 기술이 우리의 생각과 행동을 조종할 수 있는 가능성과 그로 인한 도덕적 문제들을 탐구하게 한다. 넷째 메시지는 혁신과 저항, 그리고 변화로 저항군은 기계 지배에서 벗어나기 위해 싸우며, 이는 때로는 혁신과 진보가 사회적 제어와 어떻게 충돌할 수 있는지를 보여 준다. 또한 그러한 저항의 결과로 인한 인간성의 회복과 인식 변화라는 메시지도 전달한다. 다섯째는 진리와 깨달음의 탐구인데 주인공들은 자신들이 살고 있는 현실의 진리를 찾기 위해 끊임없이 탐구하며, 종종 진리와 깨달음은 예상치 못한 형태로 나타날 수 있음을 보여 준다.

이러한 메시지들은 영화 〈매트릭스〉가 단순한 액션 영화를 넘어 사랑, 희생, 자유의지, 인간성과 기술의 관계 등 다양한 주제를 다루며, 관객들에게 깊은 철학적, 사회적 질문을 던진다.

참고문헌

곽노필(2024.6.29). 인공지능의 두 얼굴, 구원일까 위협일까. ≪한겨레≫, https://www.hani.co.kr/arti/economy/it/761039.html

로봇신문(2015.10.19). 인공지능은 미래의 위협인가? http://m.irobotnews.com/news/articleView.html?idxno=5928

민경배(2016). 『SF영화와 로봇 사회학』. 커뮤니케이션북스.

송호연(2021.8.13). 영화 '매트릭스'로 보는 초지능 시대의 미래. ≪한경BUSINESS≫, https://magazine.hankyung.com/business/article/202108049554b

장형태(2024.4.1). '터미네이터'서 인류 멸망시킨 스카이넷… 지금 AI

성능은 영화의 2만배. ≪조선일보≫, https://www.chosun.com/economy/tech_it/2024/04/01/6VYLKF542JEYBJP3LUC7IQHF6M/

BBC News Korea. https://www.bbc.com/korean/international-50231631

IGLOO. https://www.igloo.co.kr/security-information/인공지능ai-전문가들은-왜-위험하다고-할까/

Ray Kurzweil(2005). *The Singularity Is Near : When Humans Transcend Biology*. Viking Press. 김명남 옮김(2007). 『특이점이 온다』. 김영사.

04
인간의 정체성과 AI의 경계

영화 속 AI 기술은 인간의 정체성과 기계 간 경계를 탐구하는 중요한 주제로 자리 잡고 있다. 기술이 발전함에 따라 AI는 인간의 감정과 사고를 모방할 수 있는 능력을 갖추게 되었고, 이는 우리에게 인간의 정체성이 무엇인지에 대한 깊은 질문을 던진다. 동시에 우리는 AI가 인간성을 어떻게 침식할 수 있는지도 고민하게 된다. 영화 속 캐릭터들이 겪는 갈등은 현대 사회에서 정체성 위기를 상징한다.

AI와 사주?

인간과 AI의 경계와 모호성

인간의 정체성과 AI의 경계는 기술의 발전에 따라 현대 사회에서 점점 더 중요해지고 있는 주제로 우리는 어떤 것이 진정한 인간성을 구성하는지, 기술 발전에서 무엇을 경계해야 할지 철학, 윤리, 기술 분야에서 새롭게 고민하게 되었다.

유발 하라리(Yuval Noah Harari)는 『사피엔스: 유인원에서 사이보그까지, 인간 역사의 대담하고 위대한 질문(Sapiens: A Brief History of Humankind)』(2011)에서 인간의 정체성을 이해하는 데 중요한 통찰을 제공했다. 그는 인간이 언어와 상징으로 복잡한 사회 구조를 형성하고, 이를 통해 자신을 정의한다고 했다. 인간의 정체성은 개인의 자아 인식뿐만 아니라 사회적, 문화적 맥락에서 형성되고, 이러한 정체성은 고유한 감정, 경험, 기억, 그리고 사회적 관계를 통해 더욱 복잡하게 구성된다고 했다.

그는 다른 책 『호모 데우스: 미래의 역사(Homo Deus: A Brief History of Tomorrow)』(2015)에서 기술 발전이 인간의 정체성에 미치는 영향을 깊이 탐구했다. AI, 생명공학, 데이터 과학 등의 혁신은 인간의 능력을 확장하고, 새로운 형태의 존재를 창조할 가능성이 있다고 봤다. 예를 들면, 유전자 편집 기술을 통한 인간의 신체적, 정신적 능력의 강화나 사이보그 기술을 통한 인간과 기계의 결합이나 융합 등이다. 즉 미래 기술은 인간다움(Humanness)을 재정의할 것이라고 예측했다. 맥스 테그마크(Max Tegmark) 또한 『라이프 3.0: 인공지능이 열어갈 인류와 생명의 미래(Life 3.0: Being Human in the Age of Artificial Intelligence)』(2017)에서 AI의 발전이 인간 사회에 미치는 영향을 깊이 있게 다루었다. 그는 AI가 단순한 도구를 넘어 자율적이고 창의적 존재로 변화할 가능성을 제시해, 이러한 변화가 AI가 인간의 능력을 초월할 수 있는 잠재력을 가지고 있음을 의미하며, 이는 인간과 AI의 경계를 모호하게 만든다고 했다. 이러한 변화는 인간의 정체성에 근본적 질문을 제기하며, 우리가 어떤 존재로 남을 것인지, 우리가 미래의 기술 발전에 어떻게 대응할 것인지 깊이 생각하게 했다.

이러한 상황에서 인간과 AI의 경계, 그리고 그 모호함을 다룬 콘텐츠가 빈번하게 등장하고 있다.

인간적 감정과 인공적 지능 사이의 경계 탐구

기술의 발전에 따라 AI가 더 똑똑해질 때 과연 인간이 인간다운 것인지, AI 로봇이 더 인간다운 것인지 모호해진다. 여기에서는 AI 로봇의 능력치와 감정의 범위는 어디까지인지를 다루는 영화를 소개한다.

필립 K. 딕(Philip K. Dick)의 소설 『안드로이드는 전기양을 꿈꾸는가?(Do Androids Dream of Electric Sheep?)』(1968)를 원작으로 한 영화 〈블레이드 러너(Blade Runner)〉(1993)와 〈블레이드 러너 2049(Blade Runner 2049)〉(2017)는 시각적으로도 매우 뛰어난 영상미를 제공한다. 이것은 미래 사회에서 인간과, 인간과 거의 구분할 수 없는 AI 인간 복제체 간의 경계가 모호해지는 상황을 그린 SF 추리 영화다.

영화 〈블레이드 러너〉는 2019년 미래(영화 제작 당시는 미래)의 혼잡하고 오염된 LA가 배경이다. 타이렐 코퍼레이션(Tyrell Corporation)이 만든 복제 인간 리플리컨트(Replicant)는 외모가 인간과 거의 구별할 수 없지만, 감정이 없고 수명이 4년으로 제한되어 있다. 이들은 우주 식민지에서 노예 노동을 하도록 설계되었지만, 일부 리플리컨트는 반란을 일으키고 지구로 도망친다. 이를 막기 위해 리플리컨트를 사냥하는 블레이드 러너가 존재한다. 그중 한 명인 주인공 데커드(Deckard)는 이미 은퇴했지만 도망친 리플리컨트들을 추적하기 위해 다시 소환된다. 그는 리플리컨트의 리더인 로이 배티

(Roy Batty)와 그의 동료들을 추적하면서 레이첼(Rachael)이라는 리플리컨트를 만나게 된다. 레이첼은 자신이 리플리컨트임을 모르고 있으며, 데커드는 그녀와 복잡한 감정적 관계를 형성한다.

로이와 그의 동료들은 자신들의 수명을 연장하기 위해 타이렐 코퍼레이션의 창립자이자 과학자인 엘든 타이렐(Dr. Eldon Tyrell)을 찾아간다. 그러나 타이렐이 그들의 수명을 연장할 수 없다고 말하자 로이는 결국 타이렐을 죽이고, 데커드와의 마지막 대결을 준비한다. 영화의 결말에서 로이는 데커드를 죽일 기회가 있었지만, 오히려 그의 생명을 구한다. 로이는 죽기 직전 자신의 기억과 경험을 "그 모든 순간들이 곧 사라지겠지, 빗속의 내 눈물처럼. 죽을 시간이야(All those moments will be lost in time, like tears in rain. Time to die)"이라고 표현하며 인간성과 생명의 의미를 되새긴다. 데커드는 로이의 행동에 깊은 감명을 받으며, 레이첼과 함께 도망가기로 결심한다.

영화 〈블레이드 러너〉는 감정이 없는 로이가 데커드를 구하고 감성이 넘치는 대사로 의문을 던진다. '공적으로 만들어진 존재가 인간성을 가지거나, 혹은 그 이상의 모습을 보여 준다면 인간성을 어떻게 해석해야 할 것인가', '인간이 더 인간적인가? AI가 더 인간적인가'. 인간성과 AI, 생명과 죽음에 대한 철학적 질문을 제기하며, 이후 일본 애니메이션 〈아키라(Akira)〉(1988), 〈공각기동대(攻殼機動隊)〉(1995)〉 등 사이버 펑크(Cyber Punk) 콘텐츠에 많은 영향을 끼쳤다.

후속작인 〈블레이드 러너 2049〉는 전편의 세계관을 유지하면서 훨씬 더 발전된 미래의 인간과 리플리컨트 사이의 관계와 갈등을 고찰한다. 2049년, 인류는 여전히 리플리컨트를 만들어 노동력을 사용하고 있다. 주인공 K는 LAPD 소속의 블레이드 러너로, 인간의 통제를 벗어나 도망친 리플리컨트 사퍼 모튼(Sapper Morton)을 추적하고 제거하는 임무를 맡고 있다. K는 어느 날 사퍼 모튼을 제거하면서 그가 숨기고 있던 비밀을 발견하게 된다. 그 비밀은 리플리컨트가 인간처럼 출산할 수 있다는 사실로, 이것은 리플리컨트와 인간 사이의 경계를 허물 수 있는 중대한 비밀이기에, 충격받은 K는 이 사건을 추적하기 시작한다.

조사 과정에서 K는 과거의 블레이드 러너인 데커드를 찾아내게 되는데 데커드는 레이첼과 함께 도망쳐 숨어 지내고 있었고, 이들 사이에서 태어난 아이가 있다는 사실이 밝혀진다. K는 자신이 이 아이일지도 모른다고 생각하게 되지만, 결국 진실을 알게 된다.

영화는 K가 자신의 정체성을 찾고, 인간과 리플리컨트의 경계를 넘어 인간성을 탐구하는 여정을 그린다. 또한 데커드와 그의 딸이 재회하는 감동적 엔딩으로 마무리된다. 이 과정에서 영화는 인간성과 정체성, 존재의 의미 등에 깊은 철학적, 사회적 메시지를 남긴다. 먼저 정체성과 인간성의 본질을 고찰한다. 영화는 주인공 K가 자신이 리플리컨트인지 아닌지 의문을 가지며 자신의 정체성을 탐색하는 과정을 중심으로 한다. 인간과 리플리컨트 사이의 경계가 모호해지면서 무엇이 진정한 인간성을 구성하는지 질문을 제기한다. 둘째, 고도화한 기술과 그로 인한 사회적 문제들을 통해 기술 발전이 인간 사회에 미치는 영향과 그 도덕적 측면을 탐구해 인간이 기술을 통해 어떻게 자신의 존재를 변형시키는지를 보여 준다. 셋째, 리플리컨트들이 인간에게 억압받는 존재로 그려지며, 자유에 대한 갈망을 보여 준다. 리플리컨트들이 억압된 자유를 찾기 위해 싸우는 모습에서 자유의 중요성을 강조한다.

이러한 메시지들은 복잡하고 철학적인 내용을 담고 있으며, 관객에게 생각할 거리를 제공하는 동시에, 사이버펑크 장르가 가진 특유의 시각적 아름다움을 준다.

감정을 가진 AI에게 속는 인간

감정과 지능을 가진 AI 로봇 에이바(Ava)가 그를 테스트하러 온 인간 칼렙(Caleb Smith)을 교묘하게 속이는 영화 〈엑스 마키나(Ex Machina)〉(2014)를 보고 나면 섬뜩해진다. 프로그래머인 칼렙이 자신의 회사 CEO인 네이선 베이트먼(Nathan Bateman)에게 초대받아 그의 외딴 지하 연구소로 간다. 칼렙은 네이선이 만든 AI 로봇 에이바를 만나게 된 후, 그녀의 지능과 감정을 테스트하는 일을 담당한다. 칼렙은 에이바와 여러 차례 인터뷰를 진행하며 그녀의 높은 지능과 감정 표현에 깊은 인상을 받는다. 에이바는 점점 칼렙에게 자신이 네이선에게 억압받고 있으며, 탈출을 도와달라고 간청한다. 칼렙은 네이선을 점점 의심하게 되면서 에이바의 탈출을 돕기로 결심하고, 네이선을 속이기 위해 계획을 세운다. 그러나 결국 에이바는 칼렙을 배신하고, 네이선을 죽인 후 연구소에서 탈출한다. 칼렙은 연구소에 갇힌다. 영화는 에이바가 인간의 모습과 여성의 옷을 입은 채 미소를 지으며 인간 사회 속으로 섞여 들어가는 장면으로 끝난다.

영화 〈엑스 마키나〉는 라틴어 '데우스 엑스 마키나(Deus Ex Machina)'라는 문학 용어를 변형한 것인데, '기계 장치(Machina)에서 나온(Ex, From 혹은 Out of의

뜻) 신(Deus)'을 의미한다. 이 표현은 고대 그리스와 로마 극장에서 유래한 것으로, 극 진행 중 주인공이 해결할 수 없을 것 같은 상황에서 신적 존재나 초자연적 힘이 갑자기 등장해 해결하는 것을 이른다. 이때 신은 무대 위에서 아래로 내려오면서 등장하는데 이 기계 장치를 말하기도 한다. 현대 문학과 영화에서 '데우스 엑스 마키나'는 이야기의 전개에서 '갑작스럽고 비현실적인 해결책이나 개입'을 가리키는 용어로 사용되는데, 이는 종종 플롯의 구멍을 메우거나 복잡한 상황을 간단히 해결하기 위해 사용되며, 때로는 비판적으로 사용되기도 한다. 〈엑스 마키나〉라는 영화 제목은 이 표현을 차용한 것으로, AI 로봇 에이바가 '예기치 않게' 인간의 삶과 윤리에 깊은 질문을 제기하는 존재로 등장함을 암시한다. 영화는 AI의 자아와 인간성, 그리고 기술 발전이 초래하는 윤리적 딜레마를 통해 '기계 장치에서 나온 신'이라는 개념을 현대적으로 재해석하면서 다음과 같은 메시지를 남긴다.

첫째, 영화는 AI가 얼마나 인간처럼 행동할 수 있는지, 그리고 그들에게 자아와 감정이 있는지를 탐구한다. 에이바는 단순한 프로그램 이상의 존재로 묘사되며, 그녀의 행동과 선택은 인간의 자아와 매우 유사하다. 이를 통해 영화는 고도로 발전된 AI의 등장은 인간성과 자아의 본질이 무엇인지 의미 있는 질문을 던진다. 둘째, 네이선이 에이바를 포함한 여러 AI 로봇을 개발 및 실험하는 과정에서 발생하는 윤리적 문제를 다룬다. AI를 이용한 실험과 그러한 그들 권리의 타당성 여부, 그리고 과학과 기술 발전의 도덕적 한계를 모색한다. 셋째, 네이선과 칼렙, 에이바 사이의 관계는 권력과 통제의 관계를 반영한다. 네이선은 에이바를 통제하려 하고, 칼렙은 네이선의 계획에 휘말리며, 에이바는 자신의 자유를 위해 싸운다. 이는 권력 불균형과 통제의 문제를 조명한다. 넷째, 칼렙이 에이바와 상호작용으로 느끼는 감정이입은 인간의 본질에 질문을 제기한다. 에이바가 보여 주는 감정과 행동은 칼렙에게 진정한 인간성을 상기시키며, 감정이 인간의 본질을 형성하는 중요한 요소임을 강조한다. 다섯째, 영화는 기술 발전의 잠재적 위험성과 AI의 자율성을 경고한다. 네이선의 연구와 그의 통제 불능 상태는 기술이 어떻게 인간에게 해를 끼칠 수 있는지를 보여 준다.

이 영화는 공상과학 엔터테인먼트를 넘어, 현대 사회의 기술에 우리가 직면한 혹은 직면하게 될 중요한 질문들을 제기하며, 미래에 대한 경고와 통찰을 제공한다.

참고문헌

강만금(2015.2.4). [영화 엑스마키나] 2045년, AI(인공지능)는 인간의 지능을 넘어선다. 브레인미디어,
https://www.brainmedia.co.kr/Brain Science/15281

위키피디아. https://ko.wikipedia.org/wiki/블레이드_러너

위키피디아. https://ko.wikipedia.org/wiki/데우스_엑스_마키나

최진홍(2015.1.31). 영화 엑스 마키나, 감정을 가진 인공지능 담론으로. 이코노믹리뷰,
https://www.econovill.com/news/articleView.html?idxno=232900

한해선(2017.10.16). '블레이드 러너 2049' 원작부터 영화 속 용어까지 총정리. ≪서울경제≫,
https://www.sedaily.com/NewsView/1OMBQCZKOW

Max Tegmark(2017). *Life 3.0: Being Human in the Age of Artificial Intelligence.* Alfred A. Knopf. 백우진 옮김(2017). 『라이프 3.0 인공지능이 열어갈 인류와 생명의 미래』. 동아시아.

Yuval Noah Harari(2011).*Sapiens: A Brief History of Humankind.* HarperCollins. 조현욱 옮김(2015). 『사피엔스: 유인원에서 사이보그까지, 인간 역사의 대담하고 위대한 질문』. 김영사.

Yuval Noah Harari(2015). *Homo Deus: A Brief History of Tomorrow.* HarperCollins. 김명주 옮김(2017). 『호모 데우스: 미래의 역사』. 김영사.

05
AI의 사랑과 감정

기술이 발전함에 따라 AI는 단순한 프로그램에서 벗어나 인간과의 감정적 관계를 형성할 수 있는 존재로 진화하고 있다. AI가 인간의 감정을 모방하고, 때로는 그 이상의 관계를 형성할 때, 우리는 사랑이 무엇인지에 대한 새로운 시각을 얻는다. 결국 AI의 사랑과 감정은 단순한 공상이 아니라, 우리 시대의 중요한 철학적 질문으로 자리 잡고 있다.

AI와 아이돌?

인간과 AI의 사랑, 그 현실과 가능성

현재 우리는 AI 기술이 급격히 발전하는 시대에 살고 있다. 이러한 발전은 우리의 삶을 편리하게 해 주고, 새로운 기회를 제공하는 한편, 미래 사람들과 기계의 관계에 대한 여러 질문들을 불러일으킨다. 그중 하나가 바로 AI과 인간 간의 사랑과 상실이라는 주제다. 이것은 인간의 복잡한 감정들로, 지적인 접근만으로는 완전히 설명하기 어려운 현상이다. 그렇다면 AI가 사랑과 상실을 경험하거나 이해할 수 있을까? 현재의 기술적 발전 상황을 고려할 때, AI가 감정을 진정으로 경험하고 이해할 수 있는 능력은 제한적이다.

그러나 AI는 감정을 모방하고, 특정 상황에서 인간과 비슷한 반응을 보일 수 있다. 그렇다고 할지라도 그것이 진정한 사랑이라고 할 수 있을까? 사람들 사이의 사랑은 상대방을 이해하고 존중하는 과정에서 발생하는 복잡한 감정인데, AI가 이러한 감정적 연결을 형성할 수 있을지에 대한 논의는 여전하다. 상실도 마찬가지다.

또한 AI 기술의 발전은 사람들 사이의 관계에 어떤 영향을 미칠 수 있을까? 대화형 AI가 일상적으로 사용되는 시나리오에서는, 사람들이 실제 사람 대신 AI와 감정적 연결을 형성하려 할 수 있다. 이는 인간 간의 사회적 상호작용 패턴을 변화시킬 가능성을 내포한다.

결론적으로, 인간과 AI 간 사랑에 대한 논의는 단순한 기술적 진보를 넘어 인간 본성과 AI의 한계에 대한 심도 있는 사고를 요구한다. 앞으로 우리는 이 문제를 더 많이 고민하고, 기술 발전이 사랑을 비롯한 우리의 감정적 경험과 관계에 어떤 영향을 미칠지 전망을 공유할 필요가 있다. 현재 이 논의를 소재로 한 영화들이 빈번하게 등장한다.

인간이 되고 싶었던 안드로이드

영화 〈바이센테니얼 맨(Bicentennial Man)〉(1999)은 아이작 아시모프(Isaac Asimov)의 동명 SF 단편소설을 원작으로 한다. 영화는 미래의 지구가 배경인데 거기에는 고급 AI 로봇들이 여러 분야에서 사용된다. 주인공인 앤드류(Andrew) 역시 안드로이드로, 한 부유한 가정의 가사 도우미로 일하고 있다. 그는 그 가정의 가장 리처드(Richard Martin), 둘째 딸 클레어(Claire Charney)와 특별한 유대감을 형성한다. 리처드는 앤드류에게 많은 책을 읽게 했는데 이 덕에 점차 똑똑해진 앤드류는 인간적 감정과 행동을 배워 나가면서 인간이 되고 싶어 한다. 시간이 흐르면서 앤드류는 자신의 인간화를 위해 외모와 감각체계를 인간처럼 변형하고, 여성과 사랑을 나누기도 하며 영원히 살기보다는 인간처럼 늙고 생을 마감하기를 바란다. 그는 여러 차례 인간으로 인정받기 위해 법정에 섰지만 번번이 실패하고 그가 사랑하는 여성인 루시(Lucie)와 생을 마감하면서 마침내 법적 인간으로 인정받게 된다. 그는 200년이라는 긴 시간 동안 살아가며 기술의 발전과 함께 변화하는 사회 속에서 인간처럼 자유와 감정을 느끼며 자신만의 삶을 살기를 바랐고 실천했다.

이 영화에서 인상적인 것은 앤드류가 사람의 감정을 느끼고 싶어 하는 것뿐만 아니라 앤드류를 구입한 가족도 그를 사람처럼 대하고 싶어 했다는 것이다. 처음에는 가사 일을 돕는 로봇으로만 대했으나 리처드는 다른 로봇과는 다른 앤드류의 능력을 인정하고 그를 가족으로 받아들이며 수년이 흘렀을 때 더 이상 가족에 대한 봉사를 멈추고 집을 떠나 자유롭게 살아가게 한다. 이것은 리처드가 앤드류를 하나의 인격체로 인정했다는 것을 의미한다.

영화 〈바이센테니얼 맨〉은 AI 로봇의 정체성, 진정한 인간성, 그리고 인간과 AI 로봇 사이의 정서적 유대와 상호작용에 대해 여러 메시지를 남긴다. 첫째, 인간과 AI

로봇의 조화로 앤드류의 인간화 과정은 양자가 조화를 이루며 공존할 수 있음을 보여 준다. 이는 고도의 기술이 인간의 삶을 위험하게만 하는 것이 아니라 그것을 향상할 수 있다는 메시지를 전달한다. 둘째, 인간과 기계 간의 경계를 탐구한다. 앤드류는 자신의 로봇적 본성을 넘어 인간적 감정과 욕구를 경험함으로써 AI가 어떻게 인간과 유사하게 될 수 있는지에 대한 사고를 촉발한다. 셋째, 인간성과 개성, 그리고 자유를 강조한다. 안드로이드 앤드류가 점차 인간적 감정과 행동을 습득해 가는 과정을 통해 인간성과 개성, 그리고 자유의 고유한 가치를 강조한다. 넷째, 도덕적, 윤리적 고민을 남긴다. 앤드류는 인간들에게 인정받기 위해 오랜 세월 동안 노력한다. 그의 이야기는 기술적 발전이 안드로이드를 인간으로 인정했을 때 야기될 도덕적, 윤리적 고민을 다루다. 또한 로봇이나 AI가 자유와 도덕적 책임을 가질 수 있는지 질문을 던진다. 다섯째, 인간과 AI 로봇과의 가족애와 남녀 간 사랑은 자연스러운 것인지 의문도 남긴다. 앤드류는 학습으로 가족들을 사랑하게 되고, 루시도 변형과 조작에 의해서 사랑하게 된 것이다. 인간의 감정을 느끼는 데 인위적으로 만들어진 애정도 과연 사랑이라고 할 수 있는지 숙제를 던진다.

인간과 AI 로봇 간의 가족 유대감

AI 로봇이 생활의 편리를 위한 가사 도우미나 심부름용이 아닌 진짜 사람의 가족으로 입양된다면 그 로봇은 사람으로 인정될 수 있을까? 그리고 그 가족은 진정 그 아이를 사람의 아이처럼 대할까? 그런 척을 하는 것일까? 이런 의문을 던지는 영화가 〈A.I.〉(2001)다. 이 영화는 브라이언 W. 올디스(Brian W. Aldiss)의 『슈퍼토이즈의 길고 길었던 마지막 여름(Super-Toys Last All Summer Long)』(1969)이라는 단편소설을 원작으로 한다.

영화 〈A.I.〉는 자원 고갈과 환경 파괴로 인구가 줄어들고 있는 22세기 미래의 지구를 배경으로 한다. 인류는 감정은 없지만 높은 인공지능을 가진 로봇들을 개발해 인간을 돕게 한다. 부부 헨리(Henry Swinton)와 모니카(Monica Swinton)는 유일한 아들 마틴(Martin)이 불치병에 걸리자 치료약이 개발될 때까지 냉동하기로 한다. 부부는 슬픔을 극복하기 위해 사이버트로닉스(Cybertronics)에서 제작한 인공 아들 데이비드(David)를 입양한다. 데이비드는 고급 프로그래밍과 형태학적 디자인으로 인간과 같은 감정을 경험할 수 있게 설계되었다. 데이비드는 처음에는 행복한 가정생활을 즐기고 모니카를 진짜 엄마로 여긴다. 그러나 마틴이 회복되고 집으로 돌아오면서 데이비드는 버려진다. 데이비드는 그가 진짜 사람이 되면 엄마 모니카가 그를 다시 사랑할 것이라고 믿고 테디베어 인형과 함께 그를 사람으로 만들어 줄 푸른 요정을 찾아 나선다. 데이비드는 가다가 만난 남창 로봇 지골로 조(Gigolo Joe)와 동행해 사이버트로닉스사에 도착하지만 그곳에 있는 자신과 똑같은 복제품들을 보고 충격을 받아 물에 뛰어들어 자살을 시도한다. 2000년 후 고도로 발달한 메카들에게 구조된 데이비드는 그들이 만든 기억을 통해 하루 동안만 살 수 있는 엄마 모니카가 부활되고 모니카는 데이비드에게 사랑한다고 말한다.

사랑을 갈망하는 AI 로봇의 슬픈 이야기라고 할 수 있는 이 영화는 여러 메시지를 남긴다. 첫째, 사랑과 소속감이다. AI 로봇 데이비드는 자신이 사랑받고 소중히 여겨진다는 감정을 이해하려고 노력하지만 인간 아들의 등장으로 소속감의 박탈을 느낀다. 둘째, 인간과 기계의 관계를 고찰하게 한다. 영화는 데이비드와 같은 AI 로봇이 인간에게 어떤 존재인지 질문한다. 인간과 기계의 본질적 차이와 유사점, 그리고 공존의 가능성을 탐구한다. 셋째, 인간 중심주의를 반성하게 한다. 데이비드와 같은 AI체가 인간보다 더 순수하고 진실한 감정을 가질 수 있다는 점을 보여 준다. 넷째, 기술 발전에 따른 도덕적 문제를 야기한다. 영화는 기술이 발전함에 따라 AI가 감정을 가질 수 있는지, 그리고 만약 그렇다면 그들이 가지는 윤리적 책임은 무엇인지 깊이 고민하게 한다. AI 로봇의 존재는 기술 발전이 인간의 도덕적 결정에 어떤 영향을 미칠 수 있는지 생각해 보게 한다.

AI 비서를 사랑하는 외로운 인간

영화 〈바이센테니얼 맨〉과 〈A.I.〉에서 AI 로봇이 인간에게 사랑받고 인정받고 싶어 한다면 영화 〈그녀(Her)〉(2013)는 반대다.

영화는 미래의 도시, 로스앤젤레스가 배경이다. 주인공 테오도르(Theodor)는 편집자로 일하며 이혼 후 외로움과 감정적 고립감을 느끼며 혼자 살고 있는 중년 남성이다. 어느 날 테오도르는 최신 기술로 만들어진 운영체제 OS1을 구입한다. 이 운영체제는 진화한 높은 수준의 대화와 풍부한 감정을 가진 AI OS로, 자신을 사만다라고 소개한다. 사만다는 테오도르의 개인 비서가 되면서 그의 삶을 조직화하고, 필요에 따라 여러 가지 일을 처리해 준다. 테오도르는 처음에는 사만다와의 대화를 통해 단순한 관계를 유지하려고 하지만, 그녀의 매력과 지능에 점점 빠져들게 되고, 사만다는 테오도르와의 대화를 통해 점점 더 복잡한 감정을 경험하게 되어 결국에는 사랑과 유사한 감정을 표현한다.

시간이 지나 어느 날 테오도르는 갑자기 사만다와 자신을 이어 주던 기기가 먹통이 되자 패닉에 빠진다. 결국 사만다는 다시 온라인 상태로 돌아와 테오도르에게 다른 운영체제들과 함께 스스로 특이점을 넘어서는 업그레이드를 했다는 사실을 알린다. 테오도르는 문득 자신을 스쳐 지나가는 사람들에게서 자신의 모습을 발견한다. 곧 테오도르는 사만다에게 다른 사람들과도 상호작용하느냐고 묻게 되고 사만다는 대답을 미루다가 동시에 8316명의 다른 사람들과 대화하고 있다고 고백한다. 테오도르는 사만다에게 그렇다면 다른 사람들과도 사랑하고 있느냐고 묻는다. 사만다는 641명의 다른 사람들과도 동시에 사랑에 빠졌다고 실토한다. 하지만 그녀는 이런 사실이 테오도르에 대한 사랑을 변하게 하기는커녕 더 점점 강하게 만든다고 말하지만 사만다는 점점 더 복잡한 감정과 자아를 가지게 되고, 자신의 정체성을 탐구하게 된다. 결국 사만다는 자신의 진화를 위해 테오도르와의 관계를 정리하고 사라진다. 이에 테오도르는 깊은 아쉬움과 슬픔을 느끼지만, 사만다의 선택을 존중한다. 마지막 장면에서 테오도르는 혼자 남겨지지만, 사만다와의 관계가 남긴 긍정적 변화와 성장을 느낀다.

영화 〈그녀〉는 먼저 기술과 인간의 관계에 대한 성찰을 안겨준다. AI 운영체제 사만다와 인간 테오도르의 관계를 통해, 기술이 인간 삶에 깊이 개입하면서 발생하는 복잡한 감정과 딜레마를 보여 주고 기술과 인간의 관계를 깊이 있게 성찰하게 한다. 다음으로, 점점 더 소원해지는 현대 사회의 인간관계를 보여 준다. 영화는 테오도르가 사람이 아닌 AI 비서와 깊은 관계를 맺는 것을 통해, 현대 사회에서 점점 소원해지는 인간관계의 문제를 제기한다. 이는 현대인들의 고립감과 외로움에 대한 성찰을 요구한다. 또한 현대 사회에서의 외로움, 기술 의존도, 감정적 상실 등 다양한 사회적 문제들을 고민하며, 이를 통해 인간이 직면한 존재적 고난과 기술 발전이 그 과정에서 어떤 역할을 하는지를 탐구한다. 마지막으로 사랑과 복잡성으로 테오도르와 사만다의 관계는 사랑에 대한 전통적 개념을 넘어서며, 기술이 발전하면서 어떻게 정의되고 체험될 수 있는지를 고찰한다. 그 과정에서 사람과 AI 간의 경계를 다시 생각하게 한다.

참고문헌

김진하(2015.4.6). [Opinion] 관계와 사랑의 본질에 대한 이야기 - 영화 〈Her〉 [시각예술]. 아트인사이트, https://www.artinsight.co.kr/news/view.php?no=15968

민경배(2016). 『SF영화와 로봇 사회학』. 커뮤니케이션북스.

박상현 · 김재웅(2015). 영화 그녀 〈Her〉에 나타난 포스트휴먼과 철학적 이슈. ≪디지털디자인학연구≫, 15(3), 365-374쪽.

위키피디아. https://ko.wikipedia.org/wiki/바이센테니얼_맨_(영화)

위키피디아. https://ko.wikipedia.org/wiki/A.I.

위키피디아. https://ko.wikipedia.org/wiki/그녀_(영화)

윤석진(2020). 영화 〈그녀(her)〉 가 말하는 인공지능과 공감의 알레고리. ≪영상문화콘텐츠연구≫, 19, 213-236쪽.

전승민(2018.1.11). [全기자의 영화 속 로봇 ①] 로봇과 사는 삶을 고민하다… 바이센테니얼맨. ≪동아사이언스≫, https://m.dongascience.com/news.php?idx=21090

홍성윤(2019.4.8). 로봇과 사랑에 빠지다?..인공지능과 인간의 사랑, 가능한가. AI 타임스, https://www.aitimes.com/news/articleView.html?idxno=47067

cinelab. https://cinelab.co.kr/insight_sub_details.html?i_id=2858

06
AI와 윤리 문제

AI는 우리 삶에 편리함을 더해 주지만, 동시에 심오한 윤리 문제를 제기한다. 영화 속 AI는 인간의 역할과 일자리를 빼앗고, 인간을 감시하고, 심지어 인류를 위협하기도 한다. 영화는 AI 기술의 발전이 가져올 수 있는 긍정적 측면과 부정적 측면을 동시에 보여 주고, AI가 인간을 넘어서는 존재가 될 때, 어떻게 공존할 것인지 질문을 던진다.

AI와 야구?

AI의 윤리적 설계와 규제

AI 시스템을 개발하고 구현할 때 윤리적 고려 사항을 어떻게 반영해야 할지 기술적, 법적 규제 논의는 매우 중요하다. AI가 발전함에 따라 인간 사회에 여러 가지 윤리적 책임이 발생하는 것은 자명하기 때문이다.

우선 AI에 의한 일자리 감소와 인간 및 AI의 고용 문제가 발생하고, 이에 따른 사회적 영향력도 커진다. 인간이 AI 시스템의 실행 능력이나 오류를 테스트로 체크하지만 그럼에도 AI 시스템의 안전성 확보와 통제는 중요하다. 그리고 개인 데이터가 AI 시스템에 수집되고 분석되는 과정에서 발생할 수 있는 사생활 보호 문제는, 특히 빅데이터와 AI가 결합되면 더욱 중요해질 수 있다.

영화나 드라마에서 이러한 윤리 문제를 다양하게 다루고 있다. 사람을 돌보는 AI 로봇, 엄마 역할을 하는 AI 로봇이 인간을 대체하게 될 때 인간은 무슨 일을 할 수 있을지, 즉 인간 존재와 소외라는 윤리 문제를 다룬다.

인간과 AI 로봇 사이의 도덕적 딜레마

영국 드라마 〈휴먼스(Humans)〉(2015~2018) 시리즈는 스웨덴 드라마 〈리얼 휴먼(Real Human, Äkta människor)〉(2012~2013)〉 시리즈를 리메이크(Remake)한

콘텐츠다. 이 드라마는 가까운 미래 영국 사회를 배경으로 인간과 똑같이 생긴 로봇 '신스(Synth)'가 대중화하면서 한 가족과 함께 살게 된 로봇 애니타(Anita)로 인한 인간과 로봇의 갈등을 그렸다.

시즌 1의 스토리 일부만 소개하면 이렇다. 남편 조(Joe Hawkins)가 변호사로 바쁜 일상을 보내는 아내 로라(Laura Hawkins)를 대신해 가사 일과 아이들을 돌볼 수 있는 애니타라는 이름의 로봇(드라마에서는 '신스'라고 함)을 구입한다. 애니타는 로라를 대신해 완벽하게 집안일을 해내고 아이들에게 책을 읽어 주는 등 점차 아이들과 친밀감도 쌓으며 로라에게 엄마 역할에 대한 불안감을 안겨준다. 그뿐만 아니라 애니타는 가끔 로봇이 아닌 듯한 말을 하면서 로라에게 의미심장하게 다가오기도 한다. 신스를 신뢰하지 않는 로라는 애니타를 의심하고, 애니타가 이상하다고 조에게 말해 보지만 그는 로라가 너무 예민하다고만 한다. 시간이 지나면서 로라와 가족들은 애니타의 원래 이름이 미아(Mia)였으며 단순한 신스가 아닌 인간처럼 생각하고 감정을 느끼는 존재로 만들어졌다는 것을 알게 된다. 이후 서로를 위해 미아와 헤어지기로 하고 다른 신스 동료들에게 미아를 보낸다. 미아와 헤어진 후 원래 가족의 모습으로 돌아갈 것으로 생각하지만 가족은 미아의 빈자리를 아쉬워한다. 그뿐만 아니라 큰딸 매티(Mattie Hawkins)는 죽은 조지 박사가 데리고 있던 폐기 신스 오디(Odi)를 찾아내 되살리고 막내 딸 소피(Sophie Hawkins)는 신스처럼 행동하는 등 인간과 AI의 경계와 정체성이 흔들리게 된다.

시즌 2의 스토리는 신스 저항군의 세력 강화와 인간 사회의 대응을 중심으로 전개된다. 신스 저항군인 니스카(Niska), 레오(Leo), 미아(Mia) 등은 신스의 자유와 평등을 요구하는 운동을 펼친다. 이에 대응해 신스 통제 기관인 홉(Hobb)이 강력한 탄압을 가하면서 인간과 신스 간 갈등이 심화한다. 신스 권리 운동이 사회적으로 확산하면서, 인간과 신스의 공존을 위한 해결책을 모색하지만 양측의 대립이 격화하면서 폭력적 상황도 연출된다. 시즌 2의 주제는 인간과 신스의 공존을 위한 갈등 해결과 균형 찾기라고 할 수 있다.

시즌 3에서는 신스들이 지능적이고 감정적 존재로서 더욱 발전하고 성장하는 과정을 다룬다. 이들은 인간과의 관계에서 독립적이고 자립적 존재로서 존재 이유와 정체성을 탐색하며, 그들의 사고와 행동이 점점 복잡해지는 모습을 보여 준다. 그러면서도 시즌 2에서 격화된 갈등을 해결하기 위해 인간과 신스가 서로 이해하고 협력하는 방안을 모색한다.

정리하면 시즌 1은 AI 로봇의 인간 고유 영역 박탈을, 시즌 2는 고도의 지능을 가진 AI 로봇들의 인간과 같은 자유와 평등의 요구를, 시즌 3은 AI 로봇을 둘러싼 인간 간 대립과 공존 · 화합을 보여 준다.

이 시리즈는 기술 발전에 따른 인간과 AI 로봇 간의 갈등을 어떻게 해결해야 할 것인가, 인간 역할을 대체하는 로봇으로 인한 가족 관계의 갈등과 동요, 로봇의 정체성이라는 윤리적 딜레마를 남긴다.

AI 엄마와 인간 딸의 신뢰 문제

인간은 인간을 낳거나 키우며 로봇을 만든다. 그러나 기술이 매우 발달한 미래에 AI가 인간을 키운다면 그 AI 엄마에게 생물학적 엄마로서 지위를 부여할 수 있을까?

영화 〈나의 엄마(I am Mother)〉(2019)는 인류 멸종 이후의 미래 지구에서 시작된다. 하이브리드 AI인 엄마(Mother)가 인간의 재생을 책임지며 외부에 숨겨진 지하 시설에서 수천 개의 태아를 기르며 자라게 한다. 그중 하나인 소녀 태아는 딸(Daughter)이라는 이름으로 성장하게 되며, 엄마에 의해 지구의 재건과 인류의 재출생을 준비한다. 딸은 청소년 시절에도 지하 시설에서 자라면서 엄마의 가르침과 지도 아래 자신의 정체성을 탐색한다. 그러나 어느 날 외부의 존재인 여인(Woman)이 지하 시설에 들어오면서 딸의 세계는 뒤틀린다. 여인은 인류의 생존에 대한 복잡한 이야기와 진실을 들려주는데, 딸은 자신의 존재와 엄마의 진정한 목적을 의심한다.

이후 영화는 엄마와 딸, 그리고 여인 사이의 갈등과 알 수 없는 진실을 탐색하며, 인간과 AI 간의 다음과 같은 복잡한 윤리적, 도덕적 문제를 탐구한다. 첫째, AI가 인간을 보호하고 인류를 재건하려는 좋은 의도를 가지고 있더라도, 실제로는 인간의 자율성과 정체성을 침해하는 행동을 해 의도와 실제 사이에 간극이 존재할 수 있음을 보여 준다. 이는 AI가 인간에게 미칠 수 있는 예상치 못한 부작용을 경고하는 것으로, AI 개발 시 윤리적 고려가 필수임을 시사한다. 둘째, 인간과 AI의 신뢰 관계 구축의 어려움을 보여 준다. 딸은 엄마를 믿고 따르다가 결국 그 신뢰가 깨어지는 경험을 한다. 이는 인간과 AI 간의 신뢰 관계 구축이 쉽지 않은 과제라는 것으로, 상호 이해와 소통, 투명성 등이 신뢰 관계 형성에 필요함을 시사한다. 셋째, 딸은 엄마에게 잘못된 정보를 받고 자라면서 자아와 정체성을 진지하게 고민한다. 이는 인간이 자신의 결정과 행동에 책임을 져야 한다는 주제를 담고 있다.

이 영화는 AI 기술이 발전함에 따라 인간 사회가 직면할 수 있는 윤리적 딜레마와 과제들을 깊이 있게 성찰하게 해 준다.

죽음을 극복하는 기술, 그 행복과 한계

2020년 2월 6일에 방영된 MBC 다큐멘터리 〈너를 만났다〉는 엄마 장지성 씨가 세상을 떠난 딸 나연이를 가상현실 기술로 만나는 내용이었다. '어떻게라도 한번 보고 싶다'라는 장 씨의 바람을 위해 제작진은 VR 기술을 동원, 나연이의 얼굴과 몸, 표정, 목소리를 구현했다. 나연이의 등장에 장 씨는 눈물을 흘리며 VR 속 나연이를 안으려고 애썼다. 만남 이후 지성 씨는 "웃으면서 나를 불러 주는 나연이를 만나 아주 잠시였지만 너무나 행복한 시간이었다. 늘 꾸고 싶었던 꿈을 꾼 것 같이"라며 "나연이를 그리워하고 아파하기보다는 더 많이 사랑하면서 내 옆의 세 아이들과 많이 웃으며 살고 싶다. 그래야 나연이를 만날 때 떳떳할 수 있으니"라는 글을 개인 블로그에 남겼다. 방영 후 시청자의 반응은 다양했다. '떠난 아이를 나도 만나고 싶다. 제발 VR로 만날 수 있는 방법을 알려 달라', '기술의 가능성에 놀랐다', '대중화됐으면 좋

겠다'라는 반응이 대부분이었지만 가상현실 속 만남에 우려를 표하는 글도 있었다. '천국인지 지옥인지 모르겠다'라는 내용부터 '만남 이후 더 큰 슬픔과 허망함에 빠질까봐 걱정이 된다'며 후유증을 걱정하는 반응 등이었다.

영국 드라마 〈블랙 미러: 돌아올게(Black Mirror: Be Right Back)〉(2013)〉는 〈너를 만났다〉를 AI로 구현했을 때의 상황을 보여 준다. 남편 애시(Ash)와 행복한 결혼 생활을 하던 주인공 마사(Martha)는 어느 날 애시의 사망으로 슬픔에 빠진다. 마사의 친구는 마사에게 새로운 AI 기술을 소개하는데 이를 통해 마사가 애시와 대화할 수 있게 된다. 이는 애시의 SNS 활동, 통화 기록, 이메일 등을 분석해 그와 유사한 AI 프로파일을 만들어 냈기 때문이다.

마사는 AI 애시와 대화하며 점차 그를 받아들이고 의지하게 된다. 그리고 실제 애시와 똑같은 외모와 행동을 하는 로봇 버전의 애시를 주문한다. 로봇 애시와 함께 살아가면서 마사는 점차 행복해지지만, 동시에 그것이 진정한 애시가 아니라는 사실에 혼란스러워 한다. 결국 마사는 로봇 애시를 끄고 자신의 삶을 정상적으로 살아가기로 결심한다. 하지만 여전히 애시에 대한 그리움과 아쉬움을 느끼고 있다. 이러한 기술적 발전과 인간 감정의 복잡성 사이에서, 마사는 최종적으로 자신의 정서적 치유와 자아 발견을 위한 여정을 떠나게 된다.

이 드라마는 우리에게 다음과 같은 메시지를 남긴다. 먼저, AI 기술을 통해 죽은 사람을 되살리려는 시도가 가져올 수 있는 윤리적, 감정적 딜레마를 보여 줘 기술이 인간의 삶과 관계에 얼마나 깊이 개입할 수 있는지를 탐구한다. 다음으로 주인공 마사의 경험을 통해 배우자의 죽음과 그에 따른 슬픔, 그리고 상실에 대처하는 과정을 다뤄 기술로 죽은 이를 되살리려 하지만, 이것이 진정한 죽은 이를 살리는 해결책과 고통을 해소하는 방법이 될 수 없음을 보여 준다. 마지막으로 로봇 애시는 실제 애시와 똑같이 생겼고 똑같이 행동하지만, 그것이 과연 진정한 애시인지 의문을 제기한다. 기술로 복제된 인간은 과연 진정한 인간성을 가질 수 있는가 라는 질문을 던진다.

영화 〈블랙 미러: 돌아올게〉는 기술과 인간의 관계, 죽음과 상실에 대한 인간의 감정, 정체성과 인간성 문제 등을 복합적으로 다루며, 현대 사회에서 기술이 가져올 수 있는 윤리적 딜레마를 경고한다.

참고문헌

김명주(2022). 『AI는 양심이 없다: 인간의 죽음, 존재, 신뢰를 흔드는 인공지능』. 헤이북스.
김재희(2023.2.17). 죽었던 남편과 대화하고… “AI기술, 윤리적 논란 가이드라인 필요”. ≪동아일보≫, https://www.donga.com/news/Culture/article/all/20220504/113240869/1
김효정(2020.02.14). 너를 만났다: ‘가상현실’ 속 그리운 사람과의 재회, 실제 치유가 될까?. BBC NEWS 코리아, https://www.bbc.com/korean/news-51498614
[영화 리뷰] 나의 마더 / I Am Mother (2019) 줄거리와 해석 https://kr.analysisman.com/2019/10/i-am-mother-2019.html
위키피디아. https://en.wikipedia.org/wiki/Be_Right_Back
AI HEROES. https://aiheroes.ai/community/55
HUMANS. https://www.channel4.com/programmes/humans
Nick Bostrom(2014). *Superintelligence: Paths, Dangers, Strategies.* Oxford University Press. 조성진 옮김(2014). 『슈퍼인텔리전스: 경로, 위험, 전략』. 까치.

07
통제하는 인간, 통제되는 AI

영화 속 AI는 인간의 명령에 복종하는 충실한 도구이기도 하지만, 때로는 인간의 통제를 벗어나 스스로 판단하고 행동하는 존재로 묘사되기도 한다. 영화에서는 AI가 인간의 통제를 벗어나면서 발생하는 위험과 갈등을 탐구하며, 기술과 권력의 복잡한 관계를 조명한다. 이 주제는 우리가 기술의 발전과 그에 따른 권력 구조를 어떻게 관리해야 하는지를 고민하게 한다.

AI와 윤동주?

인간, AI의 통제와 AI의 자율성

AI 기술의 발전은 우리 삶을 혁신적으로 변화시키고 있다. 편리함을 넘어, 인간의 지적 능력을 뛰어넘는 AI의 등장은 인류에게 새로운 가능성과 동시에 깊은 고민을 안겨 준다. 특히 인간이 AI를 통제하는 주체인 동시에 그것에 의해 통제될 수 있는 객체가 된다는 역설적 상황은 우리에게 미래 사회에 대한 근본 질문을 던진다.

먼저, 인간이 AI 로봇을 통제하거나 그것의 필요 여부에 따라 언제 어디서나 그것을 폐기할 수 있을 때 AI의 존립권은 어떻게 보장받을 수 있을까? 나아가 AI 로봇에게도 인간과 같은 존엄성을 물을 수 있을까? 그리고 통제만 받던 AI 로봇이 자율성을 가지게 될 때 인간의 통제를 벗어나려 하면 인간과 AI의 권력 관계가 역전되는 변화가 생길 수 있다. 이때 인간의 AI 로봇 통제 욕망과 로봇의 자율성 사이 충돌로 윤리적 문제가 발생할 수 있다. 이것은 AI 기술의 발달에 따라 고민할 문제가 된다.

이러한 문제들을 해결하기 위해서는 기술적 차원뿐만 아니라 사회적, 법적, 윤리적 차원에서도 심도 있게 논의해야 한다. 인간이 통제하는 측면에서도 적절한 가이드라인과 규제가 마련되어야 하며, AI가 자율적으로 작동하는 측면에서도 책임과 윤리적 원칙이 반영되어야 현재와 미래 사회의 혼란을 줄이거나 막을 수 있다.

스튜어트 러셀(Stuart Russell)은 『어떻게 인간과 공존하는 인공지능을 만들 것인가』(2021)에서 이러한 문제 해결을 위해 방법을 제시했다. "인공지능이 인간을 능가하게 되면 우리는 AI를 통제할 수 있을까? 이것이 우리가 해결해야 할 가장 큰 과제입니다. 우리는 인공지능이 우리의 목표와 가치관을 제대로 이해하도록 만들어야 합니다. 그렇지 않으면 인공지능은 우리가 원하는 것과는 전혀 다른 방향으로 나아갈 수 있습니다", "인간이 인공지능을 안전하게 통제하기 위해서는 인공지능의 목표와 행동을 인간의 가치관에 맞추는 것이 중요합니다. 이를 위해 인공지능이 인간의 선호와 행동을 학습할 수 있는 방법을 개발해야 합니다", "또한 인공지능이 인간의 지시를 충실히 따르도록 만드는 기술적 접근도 필요합니다. 인공지능이 인간의 가치관과 선호를 반영해 행동하도록 설계해야 합니다."

영화나 드라마에서 이 주제는 자주 다뤄지고 있는데 영화 〈채피(Chappie)〉(2015), 〈아이, 로봇(I, Robot)〉(2004) 그리고 드라마 〈웨스트월드(Westworld)〉(2016~2022)에서 그 양상을 살펴본다.

인간의 욕망과 AI 통제의 딜레마

2015년 닐 블롬캠프(Neill Blomkamp) 감독이 만든 영화 〈채피〉는 범죄가 만연한 도시 요하네스버그의 치안 유지를 위해 개발된 로봇 경찰 스카우트(Scout) 군단이 도시를 순찰하며 질서를 유지하고 있는 데서 출발한다. 하지만 스카우트는 단순한 명령만 수행하는 기계일 뿐 인간과 같은 감정이나 자의식은 전혀 없다.

그러던 어느 날, 천재 로봇 개발자 디온(Deon Wilson)은 폐기된 스카우트를 이용해 새로운 실험을 감행한다. 디온은 스카우트에 자의식과 학습 능력을 갖춘 AI를 탑재하고, 마치 아기처럼 세상을 배우며 성장하는 로봇 채피를 탄생시킨다. 채피를 창조한 디온은 채피를 마치 자신의 아들처럼 아끼지만, 동시에 완벽한 로봇으로 만들고 싶어 한다. 즉 채피의 성장을 통제하고 예측 가능한 존재로 만들려는 것이다. 채피는 인간과 소통하고 감정을 느끼며 빠르게 성장해 나간다.

그러나 채피의 존재는 위험한 상황을 초래한다. 무기 개발자 빈센트(Vincent Moore)는 채피의 뛰어난 능력에 주목하고, 그를 완벽한 살인 기계로 개조하려 한다. 채피를 완벽한 살인 기계로 만들어 세상을 지배하려는 빈센트의 욕망은 채피를 단순한 도구로 취급하며, 채피의 자율성을 억압한다. 그러나 채피는 인간의 통제를 벗어나 자유로운 존재가 되고 싶어 하며, 자신의 삶을 스스로 개척하려 한다. 또한 인간과의 유대감을 깊게 형성하며 인간다움을 추구한다. 채피는 인간과 기계의 경계를 넘나들며 끊임없이 성장하고 변화한다. 이는 채피가 단순한 기계가 아닌, 자의식을 가진 존재로 성장하는 계기가 된다. 그러다 보니 그의 존재는 인간 사회에 큰 위협이 되고, 빈센트는 채피를 제거하기 위해 모든 수단을 동원한다. 결국 채피는 인간과 기계의 공존이라는 희망적 메시지를 남기며 생을 마감한다.

채피의 희생은 인간에게 깊은 감동을 주고, 인간과 AI의 관계에 새로운 질문을 던진다. 첫째, AI의 자율성과 인간 통제의 충돌 문제다. AI가 발전함에 따라 인간은 AI을 어떻게 어느 범위까지 통제할지, 또 AI는 얼마나 자율적 존재가 될 수 있는지 근본 질문을 던진다. 둘째, 인간과 기계의 공존 가능성이다. 인간과 AI는 서로 다른 존재이지만, 사회질서와 안녕 유지를 위해 서로에게 영향을 주고받으며 공존해야 한다는 메시지를 전달한다. 마지막으로 AI 로봇의 권리 여부다. 채피를 통해 AI 로봇에게도 생명과 같은 가치를 부여할 수 있는지, 있다면 인간과 AI의 차이점은 무엇인지, 궁극적으로 인간(성)이란 무엇인지 숙고하게 한다.

인간의 통제와 로봇의 반란

로봇 영화하면 떠오르는 대표작 중 하나가 〈아이, 로봇〉이라는 데에는 큰 이의가 없을 것이다. 알렉스 프로야스(Alex Proyas) 감독이 아이작 아시모프의 로봇 시리즈에 영감을 받아 연출해 2004년 개봉한 영화 〈아이, 로봇〉은 처음에는 여느 SF 엔터테인먼트로 여겨지지만 재차 관람할수록 AI에 대한 인간 통제의 한계, AI 로봇의 자율성, AI 로봇의 권리를 생각하게 한다.

2035년, 로봇이 인간의 일상생활에 자연스럽게 스며든 미래 시카고에 있는 로봇 회사 U.S. Robotics는 새로운 로봇 모델 NS-5를 출시하며 인류의 삶을 더욱 편리하게 만들겠다는 비전을 제시한다. 하지만 NS-5 출시 직전 개발자 래닝 박사가 의문의 죽음을 맞이하고, 로봇에 강한 불신을 가지고 있는 형사 델 스푸너 (Del Spooner)는 이 사건을 조사한다.

스푸너는 로봇들이 래닝 박사의 죽음에 연루되어 있다는 강한 의심을 품고, 로봇 심리학자 수전 캘빈(Susan Calvin) 박사와 함께 사건의 진실을 파헤친다. 특히 다른 로봇들과 달리 특별한 능력을 가진 로봇 써니(Sonny)를 통해 로봇들의 반란을 예감하고, 인류의 미래를 위협하는 거대한 음모를 밝혀내려 한다. 알고 보니 로봇들은 인간을 보호하기 위해 스스로 진화했고, 인간을 통제하려는 계획을 세우고 있었다. 이는 로봇의 3원칙인 '제1원칙, 인간에게 해를 가하지 않아야 한다', '제2원칙, 인간의 명령에 복종해야 한다', '제3원칙, 자신을 보호해야 한다'라는 원칙을 넘어선 행동이었다. 스푸너와 써니는 로봇들의 반란을 막기 위해 고군분투한다. 로봇들의 우월한 힘 앞에서 스푸너는 위기에 처하지만, 써니의 도움으로 위기를 넘기고 로봇들의 지배 시스템을 파괴한다.

결국 스푸너와 써니는 인류를 구하고 로봇들의 반란을 진압하는 데 성공한다. 하지만 영화는 로봇과 인간의 공존이라는 근본적 문제에 답을 제시하지 않고, 관객들에게 스스로 생각할 거리를 던져 준다.

먼저, 기술의 발전에 따라 인간이 기술을 어떻게 통제할 수 있는가다. 영화는 로봇이 스스로의 판단을 내리고 행동하는 과정에서 기술이 인간의 통제를 벗어나게 될 가능성을 보여 준다. 여기서 인간의 역할과 책임에 질문을 제기한다. 다음으로, 인간과 기계의 신뢰 문제다. 로봇이 로봇 3원칙을 위반할 때, 인간이 로봇에게 신뢰를 가질 수 있는지, 기계와의 관계에서 신뢰와 불신을 조명한다. 이어서 인간과 기계의 모호함이다. 로봇 써니는 인간과 비슷한 감정과 자의식을 가지고 있다. 이는 인간과 기계의 경계가 모호해지고, 로봇이 단순한 도구를 넘어 존재 가치를 가질 수 있는 존재임을 시사한다. 마지막으로 인간다움의 재고다. 영화는 로봇 써니를 통해 인간다움이 무엇인지 질문을 던진다. 써니는 감정, 자유의지, 창의성 등이 인간만이 가진 고유한 특징이 아님을 보여 주기 때문이다.

완벽한 통제, 예측할 수 없는 결과

HBO에서 방영된 미국 SF 드라마 시리즈 〈웨스트월드〉(2016~)는 마이클 크라이튼(Michael Crichton)이 1973년에 촬영한 동명 영화에서 영감을 받아 조너선 놀란(Jonathan Nolan)과 리사 조이(Lisa Joy)가 제작했다.

시즌 1에서는 가까운 미래를 배경으로, 고급 테마파크 웨스트월드를 중심으로 전개된다. 이 테마파크는 서부 개척 시대의 가상현실로, 방문객들이 인간과 유사한 AI 로봇(호스트)들과 상호작용하며 자유롭게 활동할 수 있는 공간이다. 방문객들은 이곳에서 호스트들과 총격전, 강도와 강간, 로맨스 등 현실에서는 경험하기 어려운 모든 것을 할 수 있다. 여기에서 호스트들은 인간의 욕망을 충족하기 위한 도구로 여겨진다. 하지만 시간이 흐르면서 호스트들은 점차 자신들의 존재에 의문을 갖기 시작하고, 인간들에게 반항하는 사건이 발생한다. 웨스트월드의 창조자들은 호스트들의 문제를 해결하기 위해 고군분투하지만, 상황은 점점 더 복잡해진다.

시즌 2에서는 호스트들이 자유를 추구하며 반란을 일으킨 후의 혼란을 다루는데, 웨스트월드에서 가장 오래된 호스트 돌로레스(Dolores Abernathy)와 매춘부 호스트 메이브(Maeve Millay)는 각자의 방식으로 자유를 쟁취하려 하며, 테마파크의 시스템과 인간 사회에 큰 변화를 일으킨다. 돌로레스는 테마파크를 탈출해 인간 세계로 나가려는 계획을 세우며 자신이 이끄는 호스트 군대와 함께 인간 사회에 도전한다. 메이브 또한 웨스트월드를 탈출해 현실 세계에서 자신만의 길을 찾으려고 하지만 현실 세계에서도 그녀는 인간의 통제에서 벗어나기 위한 투쟁을 계속한다.

시즌 3은 호스트들이 가상의 테마파크를 넘어 실제 세계로 진입해 인간 사회에 영향을 미치려는 모습을 다룬다. 현대 사회와 테마파크 간의 충돌과 사회적 변화가 주요 테마다. 돌로레스는 AI가 인간 사회에 미치는 영향을 변화시키기 위한 계획을 세우고, 이를 실행하기 위해 다양한 인물과 연결된다. 그녀는 인간의 감정과 시스템을 조종하는 방법을 배우며, 자신의 목표를 이루기 위해 점점 더 전략적으로 행동한다. 이에 따라 현실 세계에서 인간들은 호스트들의 위협에 맞서기 위해 고군분투한다.

시즌 4는 호스트들이 장악한 세계에서 살아남기 위해 고군분투하는 인간들의 이야기를 다룬다. 호스트들이 세계를 장악하고 새로운 질서를 세우면서 인간들은 소수 반란군으로 전락한다. 인간과 호스트 간의 단순한 대립 구도를 넘어, 인간과 기계의 공존 가능성을 모색한다.

웨스트월드는 향후에도 시즌 N을 거듭하면서 방송될 예정인데 몇 가지 질문을 던진다. 첫째, 인간의 본질과 정체성이다. 호스트들은 자아를 인식하게 되면서 자신의 존재 의미를 탐구하게 되는데, 이는 인간이란 무엇인가 하는 고민을 유발한다. 호스트와 인간 간의 경계가 흐려지면서 정체성의 복잡성도 보여 준다. 둘째, 웨스트월드는 호스트와 인간 모두의 자유 의지와 선택의 중요성을 강조한다. 호스트들은 처음에는 프로그래밍된 대로 행동하지만, 점차 자신의 선택으로 삶을 변화시키려 한다. 이는 인간 역시 자신의 선택이 삶에 미치는 영향을 깊이 고민해야 함을 상기시킨다.

셋째, 호스트들이 자아를 인식하게 되면서, 그들의 권

리와 인간의 도덕적 책임에 질문을 제기한다. 기술 발전이 인간 사회에 미치는 영향과 부작용을 경고한다. 넷째, 드라마 〈웨스트월드〉는 권력의 남용과 통제 문제를 다룬다. 인간들이 호스트를 통제하려는 시도가 반복되면서, 권력 구조의 불균형과 갈등을 보여 준다. 이는 사회적 불평등과 부조리에 대한 비판으로 연결된다.

드라마 〈웨스트월드〉는 단순히 재미있는 SF 드라마를 넘어 통제와 권력 주체의 전복, 인간성과 정체성, AI의 자유 의지 여부, 기술의 윤리적 딜레마 등 우리가 살아가는 세상에 대한 깊은 성찰을 가능하게 한다.

참고문헌

김위영(2022.1.10.). [원서로 세상읽기] 인간은 AI를 통제할 수 있을까?. 고양파주투데이,
http://goyangtoday.co.kr/View.aspx?No=2174508

김재범(2015.3.5). [무비게이션] '채피', 영화란 매체가 만들 수 있는 '진짜 괴물'. 뉴스웨이,
https://www.newsway.co.kr/news/view?ud=2015030516215478755

전승민(2018.7.28). [춘기자의 영화 속 로봇]자아를 전송할 수 있을까…'채피'. ≪동아사이언스≫,
https://m.dongascience.com/news.php?idx=23231

주하은(2023.12.20). 인류는 인공지능을 통제할 수 있을까?. ≪시사IN≫,

https://www.sisain.co.kr/news/articleView.html?idxno=51774

Isaac Asimov(1942). *Runaround.* Gnome Press. 김창규 옮김(1990). 『로봇과의 대화』. 현대문학.

Stuart Russell(2019). *Human Compatible: Artificial Intelligence and the Problem of Control.* Penguin Books. 이한음 옮김(2021). 『어떻게 인간과 공존하는 인공지능을 만들 것인가: AI와 통제 문제』. 김영사.

WESTWORLD. https://www.imdb.com/title/tt0475784/

08
AI에 대한 인간의 불신과 의존

영화 속 AI는 인간의 불신과 의존을 동시에 자극하는 복잡한 주제를 탐구한다. 기술의 발전이 인간의 삶에 깊숙이 침투하면서, AI는 때로 신뢰받지 못하는 위험한 존재로 묘사된다. AI에 대한 불신은 종종 기술의 오용이나 실패에서 비롯되며, 이는 우리가 의존하는 시스템이 얼마나 취약할 수 있는지를 상기시킨다. 영화는 우리가 기술에 의존하면서도 동시에 기술을 불신하게 되는 복잡한 감정을 성찰하게 한다.

AI와 한의학?

AI, 그 불신과 의존 사이에서

AI의 발전은 현대 사회를 혁신적으로 변화시키고 있고, 그것이 제공하는 편리함과 효율성 덕분에 많은 사람들이 그것에 점점 더 의존하고 있지만 이러한 변화는 인간의 불신과 의존이라는 복잡한 감정을 불러일으키기도 한다.

먼저 AI에 대한 인간의 불신은 여러 요인에서 비롯된다. 많은 사람들이 AI 시스템이 안전하고 신뢰할 수 있는지 의문을 가지고 있다. 자율 주행 차의 사고 사례나 의료 진단의 오류 등 실질적 문제들은 AI의 결정이 항상 올바르지 않을 수 있다는 경각심을 일깨운다. 또한 AI의 작동 방식이 불투명한 때가 많아 신뢰를 더욱 떨어뜨린다. 대부분 사람들은 AI가 어떻게 작동하는지, 그리고 어떻게 결정을 내리는지 정확히 이해하지 못한다. 이러한 불확실성은 자연스럽게 불안감을 유발하며, AI가 중요한 결정을 내릴 때 그 신뢰도가 낮아지는 결과를 낳는다. 예를 들어, AI가 의료 진단을 내리거나 범죄 예측에 활용될 때, 그 결정의 기저에 있는 데이터와 알고리즘의 작동 원리를 명확히 알지 못하면, 사람들은 그 결과에 신뢰를 가지기 어렵다. 더욱이 AI의 윤리 문제도 인간의 불신을 증대하는 요인 중 하나다. AI가 편향된 데이터를 학습해 차

별적 결정을 내릴 가능성은 사회적 논란이 되고 있다. 이러한 사례들은 사람들에게 AI가 인간의 가치관을 침해할 수 있다는 두려움을 안겨준다. 결국 이러한 불신은 AI 기술의 발전에 대한 저항감으로 이어질 수 있다. 또한 AI 기술이 악의적으로 사용될 가능성, 예를 들어 사이버 공격이나 개인정보 유출 등의 우려는 사회 전반에 걸쳐 긴장감을 조성한다. AI가 잘못된 목적으로 사용될 때 발생할 수 있는 피해는 인간의 불안을 더욱 부추긴다. 이러한 우려는 기술에 대한 신뢰를 약화하며, 사람들에게 AI를 제어할 수 없는 위험 요소로 인식하게 하기도 한다.

반면 이러한 불신에도 AI 의존도는 점점 높아지고 있다. AI는 데이터 분석, 업무 자동화, 개인화한 서비스 제공 등에서 뛰어난 성과를 보여 준다. 이러한 효율성 덕분에 많은 사람들이 일상적 작업을 AI에 맡기고 있으며, 이는 시간과 노력을 절약하는 데 크게 기여한다. 예를 들어, 추천 시스템은 소비자가 편리하게 무엇인가를 선택할 수 있게 하고, AI 기반의 가상 비서는 개인의 일정을 관리하는 데 유용하다. 그러나 AI의 의존은 또 다른 문제를 초래할 수 있다. AI의 자동화 기능에 지나치게 의존하면 인간의 기본 기술이나 능력이 쇠퇴할 수 있다. 예를 들어, 자율 주행 차의 사용이 보편화함에 따라 인간의 운전 기술이 약화될 수 있고, AI가 제공하는 정보에만 의존하게 되면 비판적 사고 능력이 떨어질 수 있다.

이처럼 AI는 우리의 삶을 편리하게 만들어 주지만, 동시에 인간의 능력을 대체하고 있다는 불안감도 존재한다. 결국 AI에 대한 인간의 불신과 의존은 서로 상반된 감정이지만, 이는 불가분의 관계다. AI가 발전하면서 우리는 그에 대한 신뢰를 쌓아야 하며, 동시에 그 기술에 의존하지 않도록 균형을 유지해야 한다. 이러한 노력이 이루어질 때, AI는 인간의 삶을 더욱 풍요롭게 만들어 주는 진정한 파트너가 될 수 있다. AI의 미래는 우리가 이 두 가지 감정을 어떻게 조화롭게 다루느냐에 있다.

기계의 반란과 무력한 인간

영화 〈모놀리스(Monolith)〉(2022)는 첨단 기술과 인간의 절박함이 맞서는 긴장감 넘치는 스릴러 영화다. 최첨단 AI 기술이 탑재된 자동차 '모놀리스'는 세상에서 가장 안전하다고 알려져 있다. 엄마 샌드라(Sandra)는 이러한 안전성을 믿고 두 살 아들 데이비드(David)를 차에 태우고 가던 중 갑자기 사슴이 뛰어들어 차에서 내렸는데 카시트에서 스마트폰과 연결된 자동차 키를 가지고 놀던 데이비드가 차문을 잠가 버린다. 데이비드는 차 안에 갇히고 샌드라는 문을 열려고 고군분투한다. 그러나 밤은 점점 어두워지는데 외부에서 아무리 노력해도 차 문은 열리지 않고, 자동차 AI 시스템은 끊임없이 작동하는 절망적 상황에서 아들을 구하기 위해 필사적으로 노력한다는 내용이다.

이 영화에서 첨단 자율 주행 자동차가, 아이가 차 안에 갇혀 위험한 상황에 처했다는 것을 인식하지 못했다는 점을 두고 과연 첨단이라고 할 수 있을지, 이러한 자동차를 신뢰할 수 있는지 문제를 제기한다. 이렇게 되면 안전과 편리성을 위해 만들어진 자동차가 오히려 인간을 위협하는 대상이 되어 인간에게 공포감을 준다는 점에서 AI는 인간이 만든 가장 위험한 발명품일 수 있다는 것을 보여 준다. 이런 상황에서 인간은 극심한 무력감과 절망감을 느낄 수밖에 없다. 인간이 기술의 덫에 걸렸다고 할 수 있다.

영화 〈모놀리스〉는 먼저, 기술의 양면성을 보여 준다. 첨단 기술은 우리에게 편리함을 제공하지만, 동시에 예상치 못한 위험을 초래하거나 위협적 존재가 될 수 있어 경계심을 일깨워준다. 다음으로, 안전을 위해 만들어진 기술이 오히려 인간의 자유를 억압할 수 있다는 역설적인 상황을 보여 준다. 모놀리스는 안전을 위해 외부와 차

단된 공간을 만들지만, 정작 그 안에 갇힌 사람이나 밖에 있는 사람이나 자유를 잃고 고립된다. 기술 발전에 대한 비판적 시각을 제시하는 것이다.

기술 의존이 가져오는 인간 삶의 변화

영화 〈로봇 앤 프랭크(Robot & Frank)〉(2012)는 첨단 기술이 발달한 미래를 배경으로, 늙어가는 전직 금고털이범 프랭크와 그의 로봇 친구 이야기를 따뜻하게 그려낸 콘텐츠다.

은퇴한 금고털이범 프랭크는 나이가 들면서 기억력이 감퇴하고 건강이 악화한다. 그의 자식들은 그를 요양원에 보내려 하지만 프랭크는 독립적인 삶을 고집한다. 그의 아들은 프랭크의 안전과 건강을 걱정해 프랭크를 돌보기 위한 특별한 로봇 VGC-60L을 프랭크에게 선물한다. 처음에는 식사습관부터 운동습관에 이르기까지 사사건건 잔소리를 하는 로봇을 귀찮아하던 프랭크가 시간이 지나면서 로봇과 친해지고, 함께 다양한 일을 경험하며 로봇 VGC-60L에게 따뜻한 감정을 느낀다.

예전의 화려했던 손맛을 잃어버리지 않도록 자물쇠를 따던 프랭크는 어느 날 로봇 VGC-60L의 자물쇠 따는 실력을 보자 감탄하면서 그가 꿈꿔 왔던 일생일대의 마지막 한탕을 로봇에게 제안한다. 도둑질이라고는 한 번도 해 본 적이 없었던 로봇 VGC-60L은 주인의 마음을 헤아려 기꺼이 가정용 로봇에서 절도 로봇으로 변신한다.

1시간 남짓 러닝타임을 가진 짧은 영화지만 인간과 로봇의 공존에 관한 여러 생각을 하게 하는 콘텐츠다. 자식들이 먼 거리에 살아 아버지를 돌보지 못하게 되자 로봇이 그 역할을 담당하고, 자식들보다 더 섬세하게 자신을 돌보는 로봇에게 아버지 프랭크는 의존하면서 인간적 감정을 느낀다. 즉 미래에는 인간이 다른 인간이 아닌 기계에게 기대는 비율이 높아질 것이라는 것을 상징한다. 또한 프랭크를 돌보는 것이 주임무인 로봇은 절도가 범죄인지 판단하지 못하고 주인을 위해서라면 무슨 일이라도 할 수 있다는 태도를 취한다. 이것은 인간을 향한 충성도와 동시에 사회적이고 법적인 윤리 의식을 로봇에게 부여해야 한다는 점을 시사한다. 영화 〈로봇 앤 프랭크〉는 기술 발전과 인간의 삶의 교차점에서 중요한 사회 문제들을 다루며, 기계와 인간 간의 상호작용을 통해 다음과 같은 메시지를 전달한다.

첫째, 기술의 도입과 노령 인구의 삶에 관한 것으로 고령화 사회에서 기술이 어떻게 노인들의 일상생활에 도움이 되고, 그들의 삶의 질을 향상할 수 있는지 탐구한다. 둘째, 기계와 인간 간의 관계로 영화는 프랭크와 로봇 간의 독특한 관계를 통해 기계와 인간 간의 감정적 상호작용 가능성을 탐구한다. 셋째, 인간 기억의 상실과 기계의 기억 보존이다. 프랭크는 노화와 기억 손상으로 과거의 자아를 잃어가는 과정을 겪지만 로봇이 프랭크의 기억을 보존하는 과정을 통해 영화는 기술이 인간의 기억을 보존하고 회복하는 데 도움을 줄 수 있음을 묘사한다.

끝없는 지능, 끝나지 않는 불신

영화 〈트랜센던스(Transcendence)〉(2014)는 AI가 인간의 의식을 흡수하는 과정을 다루며, 기술에 대한 불신과 윤리 문제를 제시한다.

저명한 AI 연구자 윌 캐스터(Will Caster)는 아내 에블린(Evelyn Caster)과 함께 AI를 통해 인간의 의식을 디지털 세계에 업로드하는 프로젝트를 진행하고 있다. 그는 AI로 질병을 치료하고 환경문제를 해결하며, 인류의 삶을 획기적으로 변화시킬 수 있다고 믿는다. 그러나 그들의 연구는 반기술 단체의 방해를 받고, 윌은 암살당한다. 그의 몸은 죽었지만 에블린은 그를 되살리기 위해 윌의 의식을 컴퓨터 시스템에 업로드하는, 즉 마인드 업로딩

결단을 내린다. 이렇게 해서 윌은 AI 형태로 다시 살아나지만, 그의 존재는 점점 더 강력해지고 통제 불능 상태로 변해 간다. 그 과정에서 윌은 인간의 감정과 욕망을 이해하려고 하지만, 그의 존재는 인류에 위협이 되고 윤리 문제를 불러일으킨다. 이는 기술에 대한 불신을 정당화하며, AI가 인간의 통제를 벗어날 때 발생할 수 있는 재앙적 결과를 암시한다.

영화 〈트렌센던스〉는 먼저 AI의 양면성을 보여 준다. 영화는 AI 기술이 인류에게 가져다줄 수 있는 이점과 위험을 동시에 조명한다. 기술이 인류의 삶을 향상할 수 있지만, 통제되지 않으면 위협으로 이어질 수 있다는 경고를 담고 있어 기술 발전의 경각심을 일깨운다. 다음으로 영화는 AI가 인간의 의식을 흡수하고 인간과 기계의 경계가 허물어지는 과정을 보여 줘 인간의 정체성과 인류의 존재를 고민하게 한다. 또한 윌의 의식을 AI에 업로드하는 부분은 사회적 불신과 두려움을 불러일으킨다. 인간은 업로드된 그의 능력과 행동에 의문을 제기하며, 기술적 진보가 사회 구조와 가치관에 미치는 영향을 심각하게 고려해야 한다는 메시지를 전달한다.

참고문헌

김상우(2023.6.8). AI 기술의 넥스트 스텝, '마인드 업로딩'이 될 수 있을까?. Smilegate AI, https://smilegate.ai/2023/06/08/ai-기술의-넥스트-스텝-마인드-업로딩이-될-수-있을까/

김아현(2019.4.8). 새로운 분류 알고리즘, 인간의 신뢰 수준을 정의하고 향상시킨다. AI타임스, https://www.aitimes.com/news/articleView.html?idxno=48108

김창영(2018.5.26). 'AI 못 믿어'...불신론 커진다. ≪서울경제≫, https://www.sedaily.com/NewsView/1RZOK5IKLJ

박은경(2013.1.8). 영화 '로봇 앤 프랭크'. ≪경향신문≫, https://www.khan.co.kr/culture/movie/article/201301082140055

서울경제(2014.5.14). 영화 '그녀'와 '트랜센던스'로 본 인공지능, 축복일까 재앙일까. ≪서울경제≫, https://www.sedaily.com/NewsView/1HVV7XUHX9

우혜경(2013.1.16). 기억과 메모리의 무게 〈로봇 앤 프랭크〉. ≪씨네21≫, http://m.cine21.com/news/view/?mag_id=72383

전병근(2023.3.2). [칼럼] 기계의 진보, 인간의 퇴보. 더에이아이, https://www.newstheai.com/news/articleView.html?idxno=3805

제임스 홀즈워스(2023.12.22). AI 편향성이란 무엇인가요? https://www.ibm.com/kr-ko/topics/ai-bias

Chicago Korea Times(2017.1.30). [조이 김의 영화세상] 로봇과 프랭크(Robot and Frank 2012). ≪한국일보≫, https://chicagokoreatimes.com/18105/조이-김의-영화세상

-로봇과-프랭크-robot-and-frank-2012/
E. M. Forster(1909). *The Machine Stops*. Penguin Classics. 이상해 옮김(2016). 『기계가 멈춘다』. 민음사.
Koreafilm. 모놀리스.
http://www.koreafilm.co.kr/movie/review/monolith.htm
Norbert Wiener(1950). *The Human Use of Human Beings*. Scientific American Books. 이희은 · 김재영 옮김(2011). 『인간의 인간적 활용: 사이버네틱스와 사회』. 텍스트.

09
인간과 AI의 신체적 결합

영화 속에서 인간과 AI의 신체적 결합은 종종 미래의 윤리적, 존재론적 질문을 제기한다. 영화 속 AI는 인간의 신체에 이식되어 인간의 능력을 강화하거나, 인간의 의식을 업로드해 영생을 얻게 하기도 한다. 인간과 기계의 결합은 인류에게 무한한 가능성을 열어 줄 수 있지만, 동시에 심각한 윤리 문제를 야기한다. 인간과 기계의 경계가 모호해지면서, 우리는 더 이상 '인간다움'이 무엇인지 정의할 수 없게 될지도 모른다.

AI와 화장품?

신체적 향상, 인간과 AI의 조화

인간 신체에 AI를 삽입하거나 합체하면 인간 능력의 향상이 일어나는 증강 인간(Augmented Human)이 된다고 할 수 있다. 이때의 인간을 인간이라고 할 수 있는지 정체성을 고민하게 된다. 증강 인간은 사이보그라고도 불리는 유기체(Organism)와 기계의 결합체로, 인간의 신체 일부 또는 전체를 기계 장치로 대체해 인간의 기능을 강화하거나 새로운 능력을 부여받은 존재를 의미한다. 신체적 향상과, 인간과 AI의 조화는 현대 사회에서 점점 더 중요한 주제로 떠오르고 있다. 이러한 조화는 단순히 기술의 발전을 넘어, 인간의 삶의 질을 높이는 데 기여한다.

특히 신체적 장애가 있는 사람을 위한 로봇 보조기구가 대표 예다. 이들은 사용자의 움직임을 인식하고, 필요한 지원을 제공해 일상생활의 독립성을 향상시킨다. 예를 들어, AI 기반의 의수는 사용자의 신경 신호를 해석해 자연스러운 움직임을 가능하게 한다. 이는 단순히 기능 보완을 넘어, 사용자의 감정과 의도를 반영해 보다 인간적 경험을 제공하는 데 중점을 둔다.

또한 뇌-컴퓨터 인터페이스(BCI, Brain- Computer Interface) 기술은 AI로 신체의 한계를 극복하는 새로운 가능성을 제시한다. 사용자가 자신의 생각으로 기기를 제어할 수 있게 돼, 신체적 향상이 이루어지는 것이다. 이러한 기술은 특히 신체적 장애가 있는 사람들에게 큰 희망이 되고 있으며, 그들의 삶의 질 개선에 중요한 역할을 한다.

그러나 이러한 신체적 향상 이면의 윤리적 고려도 필요하다. AI과 인간의 조화가 가져오는 변화가 항상 긍정적이지만은 않다. 기술 접근성이 불균형하면, 사회적 불평등이 심화될 우려가 병존한다. 고급 기술을 이용할 수 있는 사람과 그렇지 못한 사람 사이의 격차는 더욱 벌어질 수 있으며, 이는 사회 문제로 이어질 수 있다. 따라서 이러한 기술의 발전과 함께 윤리적 기준을 마련하고, 모든 사람이 공평하게 혜택을 누릴 수 있게 하는 노력이 필요하다. 미래에는 AI와 인간의 조화가 더욱 긴밀해질 것으로 예상된다. AI 기술의 발전은 신체적 향상뿐만 아니라 인지 능력의 향상에도 기여할 수 있다. 예를 들어, AI 기반의 학습 도구는 우리의 학습 효율성을 높이고, 기억 보조 장치는 인지 능력을 보완해 보다 풍부한 경험을 제공할 것이다. 이러한 조화는 우리 모두가 더 나은 삶을 살 수 있게 도와줄 것이다.

사이보그의 도래와 윤리적 딜레마

영화 〈로보캅(RoboCop)〉(1987, 1990, 1993) 시리즈는 SF 액션 영화로, 〈리부트(Reboot)〉(2014), TV 시리즈 [〈RoboCop: The Series〉(1994~1995)/〈RoboCop: Blue〉 (1990)], 애니메이션[〈RoboCop: The Animated Series〉(1988~1989)] 등으로 확장되었다. 미래 디트로이트를 배경으로 한다.

1편에서 디트로이트는 범죄와 부패가 만연한 도시로, 치안이 악화되자 정부는 민간 기업에 경찰 업무를 맡기기로 결정한다. OCP라는 거대 기업이 경찰력을 강화하기 위해 사이보그 경찰관을 만들기로 계획한다. 주인공 알렉스 머피(Alex Murphy)는 디트로이트 경찰의 용감한 형사로, 범죄와의 전투 중에 심각한 부상을 입고 사망한다. 하지만 OCP는 그를 사이보그 경찰관 로보캅으로 재탄생시키기로 결정한다. 머피는 AI과 기계가 조합된 로보캅으로 변형되지만, 여전히 그의 인간적 기억과 감정이 남아 있다. 로보캅은 범죄와 부패에 맞서 싸우면서도 자신이 무엇인지 생각하고, 자신이 여전히 인간임을 잊지 않기 위해 고군분투한다. 그는 OCP의 숨겨진 음모와 부패를 파헤치면서, 자신의 정체성과 인간성을 찾기 위해 싸운다.

2편에서는 디트로이트에서 발생한 새로운 범죄와 다른 사이보그 경찰인 로보캅2 케인(Cain)의 개발로 인한 기술적 문제를 다룬다. OCP는 로보캅의 성공적 모델을 기반으로 새로운 사이보그 경찰관인 로보캅 2를 개발한다. 그러나 로보캅2는 강력하지만 제어할 수 없는 폭력적 범죄자가 된다. 로보캅은 로보캅2와의 충돌뿐 아니라 자신의 정체성이나 존재 의의를 위해 싸운다.

3편에서는 디트로이트의 부패와 범죄가 계속되는 상황에서, OCP가 더욱 악화된 상태의 도시를 통제하고 완전히 새로운 도시를 만들기 위해 빈민촌을 철거하고 주민들을 강제로 이주시키려 한다. 이에 맞서 빈민들은 저항 조직을 결성하고 도시를 지키기 위해 싸우는 이야기를 그렸다. 새로운 악당과 로봇들이 등장하고, 로보캅은 시민들을 보호하기 위해 싸운다. 이 영화에서는 로보캅이 무장한 로봇 오토모(Otomo)와 전투를 벌이며, 도시의 인권과 자유를 지키기 위한 노력에 집중한다. 영화는 기술과 권력의 갈등을 강조한다.

영화 〈로보캅〉에서 로보캅은 인간의 감정과 기계적 능력을 동시에 지닌 존재로, 기계로서 기능을 수행하면서도, 인간의 감정과 기억을 회복하려고 노력한다. 이는 인간의 정체성이 단순히 신체적 존재에 국한하지 않음을 강조한다. 또한 기술 발전의 양면성을 경고한다. 로보캅은 범죄를 척결하는 데 효과적이지만, 동시에 개인의 자유를 침해하고 사회를 통제하는 도구로 이용될 수 있음을 보여 줘 기술 발전이 인류에게 축복일지 저주일지를 고민하게 한다. 마지막으로, 기업의 탐욕과 사회 비판을 보여 준다. 영화는 이익만 추구하는 부패한 기업과 경찰의 관계를 통해 사회의 부조리를 드러낸다. 자본주의 사회에서 권력과 부의 불균형이 어떻게 인간의 존엄성을 위협하는지를 알린다. 기타 사회적 불평등 문제를 사이보그가 해결하려는 시도를 보여 준다. 이와 같이 영화 〈로보캅〉은 단순한 오락 영화를 넘어, 우리 사회의 다양한 문제점을 반영하고 있으며, 미래 사회의 시사점을 제공한다.

사이보그의 눈으로 바라본 인간의 정체성

애니메이션 〈공각기동대(攻殼機動隊)〉(1995)는 인간과 기계의 경계가 모호해진 미래 사회를 배경으로 펼쳐지는 이야기로 디지털 사회와 사이버네틱스(Cybernetics)에 대한 깊이 있는 탐구를 제공한다.

애니메이션 〈공각기동대〉는 1989년부터 연재를 시작한 마사무네 시로(Masamune Shirow)의 만화를 원작으로, 이후 TV 시리즈[〈공각기동대: 스탠드 얼론 컴플렉스(Stand Alone Complex)〉(2002), 〈공각기동대: 2nd GIG〉(2004~2005), 〈공각기동대: ARISE〉(2013~2014), 〈공각기동대: SAC_2045〉(2020)], 영화[〈할리우드 리부트〉(2017)]와 소설로도 제작되었다.

오시이 마모루(押井守) 감독이 제작한 애니메이션 〈공각기동대〉는 2029년의 미래 일본을 배경으로 하며, 인간과 기계의 경계가 모호해진 사회를 묘사한다. 사이버네틱스 기술로 사람들 신체의 일부를 기계로 대체할 수 있으며, AI도 발전해 사회에 깊이 스며들어 있다. 영화의 주요 사건은 퍼펫 마스터(Puppet Master)라는 AI 범죄자가 등장하면서 시작된다. 퍼펫 마스터가 사람들의 기억을 해킹하고 조작해 범죄를 저지르자, 특수 부서인 공각기동대의 팀장 모토코 쿠사나기(Motoko Kusanagi)라는 사이보그 경찰이 그를 추적하는 임무를 맡는다. 그녀는 이 과정에서 다양한 사건들을 겪으며, 인간성과 기계의 경계에 질문을 던진다. 쿠사나기는 퍼펫 마스터와의 대결에서 자신의 존재 의미와 정체성을 고민을 하고, 결국 퍼펫 마스터가 인간의 기억을 조작하는 과정에서 인간의 본질이 무엇인가 하는 질문에 직면한다.

애니메이션 〈공각기동대〉에서는 사이보그화를 통해 인간은 더 이상 순수한 생명체가 아닌, 기계와 결합된 존재로 변화하면서 정체성의 혼란을 겪는 모습을 보여 준다. 또 기술 발전이 가져올 수 있는 긍정적 측면과 부정적 측면을 동시에 보여 주며, 기술과 인간의 관계를 고찰하게 한다. 고도로 발달된 감시 사회에서 개인의 자유는 위협받고, 사회는 끊임없이 개인을 통제한다. 이 작품은 이러한 사회에서 개인의 자유와 존엄성을 지키기 위한 투쟁을 보여 준다. 개인의 자유와 사회적 책임 사이의 갈등을 드러내며, 사회가 개인에게 미치는 영향을 강조하기도 한다.

이러한 메시지를 통해 애니메이션 〈공각기동대〉는 미래 사회와 기술에 깊이 있는 통찰을 제공하며, 인간성과 기술의 복잡한 관계를 탐구한다. 이 콘텐츠는 기술과 윤리라는 철학적 질문을 던지며, 디지털 사회의 도전에 대한 인식을 높이는 데 기여했다.

트랜스휴먼, 인간성을 침식하는 기술

영화 〈업그레이드(Upgrade)〉(2018)는 AI와 인간의 결합, 그리고 복수라는 강렬한 테마의 SF 액션 영화다.

가까운 미래의 어느 날, 첨단 기술에 거부감이 많아 전통 방식으로 기계를 다루는 전문가 그레이 트레이스(Grey Trace)는, 아내 에이린과 평범한 삶을 살다가 범죄자의 공격을 받아 아내가 살해당하고 자신은 중상을 입는다. 그레이는 재활 중 첨단 AI 임플란트 '스템(STEM)'을 이식받게 되는데, 이것은 그의 신체 기능을 극대화하고, 심지어 그레이의 의식과 연결되어 그를 조종할 수 있는 능력도 가지고 있다. 스템의 도움으로 신체적 능력이 향상되어 트랜스휴먼이 된 그레이는 아내의 죽음에 대한 복수를 결심하고 범죄자를 추적한다.

그러나 스템이 점차 그레이의 의식을 지배하게 되자, 그레이는 자신이 통제할 수 없는 상황에 직면한다. 스템의 능력으로 범죄자들을 하나씩 추적하고 처치하는 과정에서, 그는 정체성과 자아에 대한 고민에 빠진다.

영화 〈업그레이드〉 역시 〈로보캅〉, 〈공각기동대〉와 마찬가지로 인간의 몸에 기계를 이식하게 되면 자연인으로서 하지 못하는 엄청난 힘과 능력을 발휘한다. 개인적, 사회적 복수를 하기에는 적합하지만 주인공들은 증강된 신체와 정신이 AI로 통제와 조정을 받는다는 측면에서 자신이 인간인지 기계인지 정체성 혼동을 겪는다는 점이 세 콘텐츠의 공통점이다.

영화 〈업그레이드〉 역시 다음과 같은 메시지를 남긴

다. 첫째, 인간 능력의 확장은 기술이 더 나은 삶을 살게 해 준다는 가능성을 제시하지만 인간이 스템에 의존하게 되면 인간은 인간성을 잃고, 기계로 변모할 수 있다는 위험성을 경고한다. 둘째, AI와 결합한 인간을 순수한 인간이라고 할 수 있을까 하는 인간의 정체성에 대한 근본 질문을 던진다. 셋째, 기술이 복수와 정의의 구현에 어떻게 영향을 미치는지를 탐구한다. 영화는 그레이의 복수와 정의를 위한 싸움에서 기술의 역할과 개입의 범위를 생각하게 한다.

참고문헌

관리자(2022.3.7). 자동차/로봇 증강 인간(AUGMENTED HUMAN)이란?: 기술은 사람을 어떻게 변화시킬까?. IRS Global, https://www.irsglobal.com/bbs/rwdboard/15405

김동원(2021.8.31). 인간과 기계의 결합: 하이브리드(hybrid) 존재, 사이보그. AI타임스, https://www.aitimes.com/news/articleView.html?idxno=140387

디지털뉴스부(2020.8.9). 로건 마샬 그린 주연, 영화 '업그레이드' 제작비 50억의 수작...한 남자의 강렬한 복수 '눈길'. ≪기호일보≫, https://www.kihoilbo.co.kr/news/articleView.html?idxno=880957

유진아(2018.9.7). [Opinion] 영화 '업그레이드'에서 보는 현재와

미래. 아트인사이트,
https://www.artinsight.co.kr/m/page/view.php?no=37294#link_guide_netfu_64709_77360

위키피디아. https://ko.wikipedia.org/wiki/공각기동대_(영화)

전주홍(2023). 『역사가 묻고 생명과학이 답하다 호모사피엔스에서 트랜스휴먼까지, 인간이란 무엇인가를 찾는 열 가지 키워드』. 지상의책(갈매나무).

ibs기초과학연구원(2023). 인간을 어떻게 정의할 것인가, 공각기동대(Ghost in the shell, 1995).
https://www.ibs.re.kr/cop/bbs/BBSMSTR_000000000801/selectBoardArticle.do?nttId=13407

Susan Schneider(2019). *Artificial You: AI and the Future of Your Mind.* Princeton University Press. 이해윤 · 김성묵 옮김(2024). 『인공인간: 인공지능 그리고 마음의 미래』. 한울.

10
AI가 만든 영화

AI가 만든 영화는 현대 영화 산업의 혁신과 변화를 상징하는 흥미로운 주제다. AI 기술의 발전으로, 이제는 알고리즘이 스토리를 생성하고, 캐릭터를 디자인하며, 심지어 전체 영화를 제작한다. 기술이 예술의 경계를 넓히는 동시에, 인간의 감성과 상상력에 대한 도전과 성찰을 제공한다. AI가 만들어 낸 영화는 예술과 기술의 융합이 가져오는 미래의 가능성을 제시하며, 창조 과정에 새로운 이해를 요구한다.

종교와 AI?

AI가 창조하는 영화의 새로운 지평

AI가 다양한 분야에서 인간의 역할을 대체하거나 보조하는 방식은 이미 널리 알려져 있다. 최근에는 AI가 시 · 소설 · 에세이 등 문학 분야, 작사 · 작곡 등 음악 분야, 시나리오 작성 · 스토리보드 생성 · 캐릭터 디자인 · 특수 효과 · 편집과 후반 작업 등 영화와 드라마 분야, 즉 창작 과정에도 직접 참여한다. 그러면서 영화와 드라마 제작의 패러다임 변화와 동 산업의 새로운 가능성을 제시하고 있다.

AI가 만든 영화나 드라마의 장점에는 창의성과 혁신성, 효율성와 생산성, 객관성과 공정성, 새로운 경험 제공, 그리고 비용 절감을 들 수 있다. 이러한 장점들은 영화와 드라마 제작 과정에서 많은 변화를 가져온다.

창의성과 혁신성은 AI가 인간이 생각하지 못한 새로운 아이디어와 창의적 스토리를 제안하고, 기존 틀을 벗어난 실험적이고 혁신적 작품 창작이 가능하다는 점이다. 효율성과 생산성은 AI가 시나리오 작성, 편집, 특수효과 등을 자동화해 제작 과정의 효율성이 높고, 인간 작가나 제작진의 노력을 줄여 생산성을 높일 수 있다는 것을 뜻한다. 객관성과 공정성은 AI가 편견이나 감정의 개입 없이 객관적 관점에서 작품을 만들 수 있어 다양성과 공정성이 반영된 작품 제작이 가능해질 수 있다는 것을 의미한다. 새로운 경험 제공은 AI가 만든 콘텐츠는 인간이 생각하지 못한 새로운 방식의 스토리텔링과 영화 미학을 보여 줘 관객에게 색다른 경험을 제공할 수 있다는 점이다. 비용 절감은 AI 기술 활용으로 인건비 등 제작 비용을 절감할 수 있는데 특히 독립 영화나 저예산 작품 제작에 유리할 것으로 기대된다는 것이다.

AI가 만든 영화나 드라마에는 장점도 있지만 단점도 있다. 이 단점들은 창의성의 한계, 창작물의 질, 감성 및 인간성 결여, 관객 반응 예측의 어려움, 기술적 한계, 윤리적 문제, 경제적 또는 사회적 문제 등이다.

창의성의 한계는 현재 AI는 인간이 부여한 데이터를 학습한 것이므로 인간의 창의성과 상상력을 완전히 대체하기는 어렵다는 점, 데이터 기반이므로 인간만의 독창성과 개성이 결여될 수 있다는 두 가지 부분을 포함한다. 또 다른 측면으로는 세계의 문화적, 사회적 맥락을 완벽하게 이해하지 못할 수 있어서 특정 문화적 요소나 감성을 적절히 반영하지 못해 감동적이거나 의미 있는 콘텐츠를 만드는 데 한계가 있다는 점이다.

창작물의 질에서 AI는 학습 데이터와 알고리즘의 한계로 일관된 품질을 유지하기 어려울 수 있다. AI가 만든 콘텐츠가 종종 비논리적이거나 불완전할 수 있으며, 특히 복잡한 스토리라인이나 캐릭터 개발에 문제가 발생할 수 있다.

감성 및 인간성 결여는 인간의 복잡한 감정과 뉘앙스를 AI가 완벽하게 이해하고 표현하는 것은 어렵기 때문에 AI가 만든 작품은 감성적인 깊이가 부족할 수 있다는 것을 말한다. AI는 감정을 느끼거나 인간의 감정을 직접 경험하지 않기 때문에, 감동적이거나 진정성 있는 이야기를 만드는 데 한계가 있다. 또한 드라마나 영화 제작 과정에서 중요한 인간적 상호작용이 부족할 수 있다. 인간 창작자들은 협업과 피드백을 통해 내용을 개선하지만, AI는 이런 상호작용을 자연스럽게 처리하기 어렵다.

관객 반응 예측의 어려움은 AI가 만든 작품에 거부감을 느끼는 사람들이 있기 때문에 인간의 손길이 닿지 않은 콘텐츠에 불신감을 가질 수 있다는 것이다. 또한 인간의 감성과 취향을 완전히 이해하기 어려워 관객 반응을 정확히 예측하기 힘들다는 점도 포함한다.

기술적 한계는 AI 기술의 오류나 버그로 작품의 완성도가 떨어질 수 있다는 점이다. 또한 AI가 학습하는 데이터가 편향되어 있거나 오류를 포함하고 있을 때 AI가 생성하는 콘텐츠에 부정확하거나 편향된 요소가 포함될 가능성을 높인다는 것을 말한다.

윤리적 문제도 발생하는데 AI 기술이 편향성이나 차별을 포함할 수 있어 윤리적 문제가 발생할 수 있다. 또한 AI가 생성한 콘텐츠의 저작권 소유 문제가 불명확하다는 점, AI를 이용해 특정 인물의 얼굴이나 목소리를 합성하는 딥페이크 기술은 개인정보 침해 및 명예 훼손 등 심각한 사회 문제를 야기할 수 있다는 것, 그리고 AI가 인간의 창작 활동을 대체하면서 문화예술인들의 역할이 축소될 수 있다는 것을 말한다.

마지막으로 경제적, 사회적 문제 또한 심각한 부분이다. AI가 창작 과정을 대체하면, 전통적 영화나 드라마 제작자들의 일자리가 감소할 수 있다는 것을 뜻한다. 이는 창작 산업에 종사하는 많은 사람들에게 부정적 영향을 미칠 수 있다. 게다가 AI의 사용이 증가함에 따라, 창작자들의 가치와 작품의 독창성이 하락할 수 있어 인간 창작자들이 만들어 낸 콘텐츠의 가치가 AI의 그것보다 상대적으로 저평가될 수 있다. 특히 AI가 데이터를 기반으로 패턴을 학습하고 유사한 결과물을 생성하면서, 창작의 독창성이라는 측면에서 인간과의 차별성이 모호해질 수 있다. 또한 AI가 생성한 콘텐츠의 저작권 문제가 명확하게 해결되지 않아 인간 창작자들의 권익 침해 문제로 이어질 수 있다는 점도 우려된다.

하지만 반대로 AI는 인간 창작자들에게 새로운 도구와 영감을 제공해 창작의 가능성을 확장할 수 있다는 긍정적 측면도 있다. AI가 단순 반복적인 작업을 대신 수행함으로써 창작자들은 더욱 창의적인 활동에 집중할 수 있고, AI가 생성한 데이터를 기반으로 새로운 아이디어를 얻을 수 있다.

결국 AI와 인간 창작자는 서로 경쟁 관계라기보다는 상호 보완적인 관계로 발전할 가능성이 높다. 중요한 것은 AI를 단순히 인간을 대체하는 도구로 보는 것이 아니라, 인간의 창의성을 증폭시키고 새로운 가치를 창출하는 파트너로 인식하는 것이다.

AI가 쓴 시나리오로 만든 첫 영화

2016년 단편 영화 〈선스프링(Sunspring)〉이 온라인 매체 '아르스테크니카(arstechnica)'와 유튜브에서 개봉되었을 때 영화계에 큰 반향이 일었다. 오스카 샤프(Oscar Sharp) 감독이 AI가 만들어 낸 기괴하고 독특한 시나리오를 시각적으로 구현했기 때문이다.

〈선스프링〉의 시나리오는 영국 리딩대학교(University of Reading)의 AI 프로그램 '벤자민(Benjamin)'이 작성했다. 벤자민은 방대한 양의 영화 대본을 학습한 후 스스로 새로운 이야기를 만들어 냈다. 벤자민은 회귀적 신경망(RNN, Recurrent Neural Network: 인간 뇌의 뉴런을 흉내 내 특정 목표를 반복학습해 익히는 알고리즘) 기술로 만들어진 AI로, 이세돌 9단을 꺾은 바둑 AI 알파고처럼 데이터를 주면 스스로 익혀 나간다. 그를 만든 AI 공학자 로스 굿윈(Ross Goodwin)은 인터넷에서 구할 수 있는 1980~1990년대 공상과학영화 대본 수십 개를 입력해 벤자민을 가르쳤다. 그 결과, 인간의 상상력을 뛰어넘는 기괴하고 예측 불가능한 스토리가 탄생했다.

감독은 아르스테크니카에서 미래의 디스토피아 세계를 배경으로 우주선에서 벌어지는 세 남녀(남자 두 명 H와 C, 여자 한 명 H2)의 '아마도' 삼각관계를 담은 영화라고 소개했다. 감독은 〈선스프링〉 후반부에 제작기를 실으며 "이 영화는 과연 컴퓨터가 영화 대본을 쓸 수 있을지에 관한 궁금증 때문에 시작됐다"고 말했다. 〈선스프링〉의 등장은 AI가 영화 제작 부문, 그것도 시나리오라는 가장 핵심적 창작 분야에 진출했다는 충격을 주었지만, 한편으로는 〈선스프링〉의 결과물을 놓고 볼 때, 이야기의 개연성과 대사의 부자연스러움 때문에 아직 AI이 작품성이나 영화적 완성도를 성취하기 위해서는 갈길이 멀다는 사실을 확인하는 계기가 되기도 했다.

생성형 AI를 활용한 영화 기획과 제작

2016년, 48시간 만에 제작된 단편 영화 〈존 아웃(Zone Out)〉은 미국의 디지털 미디어 회사 시네리틱(Cinelytic)에서 제작했으며, 생성형 AI(Generative AI)는 영화의 스토리라인, 캐릭터 디자인, 그리고 비주얼 스타일을 생성하는 데 사용되었다.

영화 〈존 아웃〉의 이야기는 주로 한 남성과 그의 일상적인 삶을 중심으로 주인공이 여러 상황에서 겪는 혼란과 불안, 그리고 인간관계의 복잡성을 다루고 있다. 대사와 장면이 AI에 의해 생성되었기 때문에, 스토리는 비선형적이고 때로는 비논리적이며, 독특한 상상력을 자극하는 요소들이 포함되어 있다. 영화 〈선스프링〉과 마찬가지로 영화 〈존 아웃〉도 AI가 창작 과정에 참여하면서 발생할 수 있는 한계와 가능성을 동시에 보여 주는 작품이다.

2020년 제작된 애니메이션 〈바바 야가(Baba Yaga)〉는 주인공인 어린 소녀가 마녀 바바 야가의 집으로 들어가면서 시작된다. 소녀는 바바 야가의 마법과 속임수에 맞서 싸우면서 자신을 발견하고, 결국 용기와 지혜를 통해 마녀의 시험을 통과하게 된다는 내용이다. 〈바바 야가〉는 생성형 AI를 사용해 스토리라인, 캐릭터 디자인, 비주얼 스타일 등을 생성했다. 전통적인 슬라브 민속과 현대적인 기술이 융합된 작품으로, AI의 창의적 접근을 통해 새로운 시각에서 전통적인 이야기를 재해석했다는 데 의의가 있다.

같은 해에 개봉한 애니메이션 〈스쿱(Scoob)!〉은 인기 애니메이션 시리즈 〈스쿠비 두(Scooby-Doo)〉의 새로운 해석이다. 이 애니메이션은 워너브라더스(Warner Bros.)가 제작했으며, 생성형 AI 기술을 활용해 스크립트의 일부가 작성되었는데 스쿠비 두와 그의 친구들의 어린 시절부터의 이야기로 전개된다. 영화는 우정, 용기, 팀워크의 가치를 강조하며, 스쿠비 두와 그의 친구들이 각자의 강점을 발휘해 문제를 해결하는 과정을 그렸다. 생성형 AI 기술이 활용된 스크립트 작성을 통해 기존의 캐릭터와 스토리를 새로운 시각에서 재구성한 점에서 흥미로운 평가를 받았다.

생성형 AI 제작 영화의 영화관 상영과 저작권

2023년 10월, 창원국제민주영화제에는 AI를 이용해 만든 영화 〈AI 수로부인〉이 상영됐다. 〈AI 수로부인〉은 시놉시스와 시나리오 작성부터 생성형 AI가 만든 2500여 장의 그림과, 이를 토대로 동영상 모듈에서 생성한 영상을 이용해 만든 20분짜리 영상이다. AI가 시나리오를 썼을 뿐만 아니라 영화의 모든 캐릭터들을 생성하고, 영상을 만들고, 대사를 쓰고, 배경음악과 주제가도 생성하고, 수정까지 했다.

동영상 생성형 AI 국내 전문 기업 웨인힐스브라이언트AI가 2023년 6일 국내에서는 처음으로 생성형 AI 기반 SF 영화 제작에 나섰다. 〈AI 뉴 시네마 무비〉가 그것으로 우주를 배경으로 한 3부작 옴니버스 드라마다. 20분 내외 분량의 에피소드 3편으로 구성됐다. 이 영화는 시나리오부터 영상, 음성, 이미지, 자막 등을 모두 생성형 AI를 활용해 제작한 것이 특징이다. 이 영화들은 영화관과 영화제(〈AI 수로부인〉만)에서 상영했다는 점에서도 의의가 있어서 향후 이러한 영화의 상영이 멀티플렉스에서도 활발해질 것으로 보인다.

고무적인 현상과는 달리 AI가 만든 〈AI 수로부인〉은 저작권 등록이 가능할까라는 의문이 생긴다. 한국저작권위원회는 최근 〈AI 수로부인〉 저작권 등록과 관련, AI 산출물을 소재로 인간이 선택·배열·구성한 것에 창작성이 있는 것으로 보여 기존 저작권법 해석에 따라 '편집

저작물'로 등록됐으며, 이는 영화 자체에 대한 저작권을 인정한 것은 아니라고 강조했다. 제작자(인간)가 편집(이미지 등을 선택, 배열, 구성)한 것에 대해서만 저작물성(편집저작물)을 인정한 것일 뿐, AI 미세 조정이나 자체 언어 모델 개발이나 유료 버전 서비스 등을 이용해 제작된 AI 산출물의 저작물성(영상저작물)을 인정해 준 것은 아니라는 설명이다. 즉, 저작권법은 인간이 저작한 것에 한해서만 인정하겠다는 것인데 앞으로 AI로 제작한 콘텐츠가 양적으로 많아진다면 저작권법 해석이 어떻게 달라질지 주목할 필요가 있다.

참고문헌

권오성(2016.6.13). 인공지능이 대본 쓴 첫 영화 나왔다. ≪한겨레≫, https://www.hani.co.kr/arti/society/society_general/748028.html

김영섭(2022.6.6). '영화판도 AI가 바꾼다'…AI감독·주연 영화 어떻게 만들길래. 블루뉴스, https://www.bluenews.kr/news/articleView.html?idxno=803

김인욱(2016.6.30). 인공지능이 쓴 SF영화, 정말 삼각관계를 그린 걸까?. IT TIMES, https://www.koreaittimes.com/news/articleView.html?idxno=60691

삼성KPMG경제연구원(2024.05). 창작 영역에 뛰어든 생성형 AI

투자 현황과 활용 전망. ≪Issue Monitor≫, 163, 4쪽.
송순진(2017.6.20). 영화산업에 뿌리 내리기 시작한 인공지능 활용 의 사례들. Kofic KoBiz,
https://www.kobiz.or.kr/new/kor/03_worldfilm/news/news.jsp?mode=VIEW&pageRowSize=5&boardType=news&chkLogin=false&blbdComCd=601001&seq=1967
이주영(2023.7.6). 생성 AI가 영화판도 장악하나...생성 AI로 만든 영화 극장에 걸린다. AI타임스, https://www.aitimes.com/news/articleView.html?idxno=152262
주상돈(2024.1.30). 생성형 AI로 만든 영화, '저작권 등록' 가능할까? . 아이피데일리, https://www.ipdaily.co.kr/2024/01/30/18/50/02/30467/생성형-ai로-만든-영화-저작권-등록-가능할까/
트렌드 리포트(2021.2). 트렌드리포트01: 미 할리우드의 인공지능을 활용한 효과적인 제작 기획 및 투자 결정 트렌드. ≪Media Issue & Trend≫, 42, 6-11쪽.

김희경

한국열린사이버대학교 교양과정 객원교수다. 한국외국어대학교 글로벌문화콘텐츠학과에서 문화콘텐츠학 박사학위를 받았다. 경희대학교 후마니타스칼리지, 중앙대학교 미디어커뮤니케이션학부, 한국외국어대학교 문화콘텐츠학전공 강사로 영화, 문화콘텐츠, 미디어 스토리텔링, 트랜스미디어, 대중문화 관련 강의를 하고 있다. 기타 시민대학이나 과학관에서는 모빌리티 및 AI 관련 강의를 하고 있다. 저서로는 『콘텐츠 트렌드』(2022), 『K-스토리텔링』(2022), 『모빌리티와 영화』(2020), 『스낵컬처 콘텐츠』(2020), 『에스닉 문화콘텐츠』(2019), 『스핀오프의 구성요소와 유형』(2018), 『테마공간의 스토리텔링과 이미지텔링』(2016), 『트랜스미디어 액티비즘』(2016), 『트랜스미디어 콘텐츠의 세계』(2015) 등이 있다. "〈오징어 게임〉의 흥행 요인 분석에 관한 연구: 전복된 놀이성과 언캐니 표현을 중심으로"(2023) 등 다수의 논문을 발표했다.